Dan-Tien

Christopher J. Markert

Dan-Tien

O Seu Centro Secreto de Energia

Tradução
CLAUDIA GERPE DUARTE

EDITORA PENSAMENTO
São Paulo

Título do original: *Dan-Tien – Your Secret Energy Center.*

Publicado pela primeira vez pela Samuel Weiser, Inc., York Beach, ME USA.

O primeiro número à esquerda indica a edição, ou reedição, desta obra. A primeira dezena à direita indica o ano em que esta edição, ou reedição, foi publicada.

Edição	Ano
1-2-3-4-5-6-7-8-9-10	02-03-04-05-06-07-08-09

Direitos de tradução para a língua portuguesa
adquiridos com exclusividade pela
EDITORA PENSAMENTO-CULTRIX LTDA.
Rua Dr. Mário Vicente, 368 – 04270-000 – São Paulo, SP
Fone: 272-1399 – Fax: 272-4770
E-mail: pensamento@cultrix.com.br
http://www.pensamento-cultrix.com.br
que se reserva a propriedade literária desta tradução.

Impresso em nossas oficinas gráficas.

Sumário

Os livros de Christopher J. Markert foram publicados nos Estados Unidos, Inglaterra, França, Alemanha, Holanda, Canadá, Itália, Índia, Polônia, Israel, Noruega, Finlândia, Espanha, México, Argentina, Brasil e China.

Lista de Ilustrações

Prefácio

Depois de ler este livro, compreendi que só podemos ser felizes, saudáveis e estar em plena atividade quando a mente e o corpo estão em harmonia. Quando a mente está estressada e confusa, por exemplo, nutrimos sentimentos de desprazer no corpo, mas quando estamos felizes e em plena atividade, sentimos prazer no corpo. Por sorte, essa comunicação funciona nos dois sentidos, de modo que podemos alcançar um estado mental feliz criando um bom equilíbrio entre a mente e o corpo. Essa harmonia geralmente tem lugar em questão de minutos quando usamos o conceito do Dan-Tien aqui descrito.

O efeito é sensacional, em parte porque é alcançado sem exercícios vigorosos, longas meditações ou outro tipo de esforço. O principal motivo pelo qual considero a perspectiva Dan-Tien tão atraente é o fato de ele poder ser praticado a qualquer momento, inclusive durante as atividades do dia-a-dia. Eu pratiquei regularmente o Dan-Tien e o apreciei (e o aspecto prazeroso o tornou ainda mais fascinante).

Desse modo, pude com facilidade aplicar o segredo à vida cotidiana, e tanto a minha mente quanto o meu corpo passaram a funcionar com mais alegria e eficiência. Quem não gostaria de fazer algo divertido que, ao mesmo tempo, produzisse resultados?

Pouco a pouco adquiri o hábito de permanecer em contato com os meus sentimentos através do corpo. Isso acalmou minha mente, tornou-me mais autoconfiante e contribuiu para o meu bem-estar de um modo geral.

A verdadeira chave de tudo isso é a antiga prática chinesa do Dan-Tien. Trata-se de um método que recomendo. Enfaticamente. No início você talvez duvide da sua eficácia por ele ser tão simples. Mas as dúvidas logo desaparecem quando você dá ao método a oportunidade que ele merece.

– Drs. Wolf van den Hoek

Introdução

Sou fascinado, há quarenta anos, pelos mistérios do Extremo Oriente desde os tempos de estudante. Eu sentia que ali eu iria descobrir os segredos ausentes na cultura ocidental. A China possui a mais antiga cultura viva do mundo, que recua a mais de cinco mil anos. Depois de ter rejeitado nas últimas décadas sua antiga herança cultural, hoje a China está redescobrindo seu passado.

Assim como os chineses estão aprendendo a tecnologia conosco, podemos tirar proveito da profunda sabedoria dos sábios chineses.

No decorrer dos anos, escrevi a respeito deste assunto dois livros que foram bem recebidos e publicados em diversos lugares.* Minha versão do I Ching, a "Bíblia" do Extremo Oriente, foi inclusive publicada em chinês (mandarim) em Taiwan. Os editores parecem sentir que eu tenho um bom entendimento da mentalidade do Extremo Oriente.

Descrevo neste livro um aspecto mais prático da cultura chinesa. Os leitores ocidentais certamente acharão o conceito do Dan-Tien não apenas esclarecedor como também extremamente útil na vida cotidiana. Tanto para mim quanto para muitas outras pessoas, ele foi uma revelação que mudou a nossa vida.

— Christopher J. Markert

---

* *Yin/Yang: The Dynamic Balance* foi publicado na Alemanha, França, Holanda, Argentina e Brasil. *I Ching: The Ultimate Success Formula* foi publicado pela Aquarian Press em 1986. A obra também foi publicada na Alemanha, Holanda, Noruega, Finlândia, Espanha, Argentina, México e Taiwan.

Capítulo 1

Sinais Sutis

Somos Guiados por Bons Sentimentos

O segredo da boa saúde, da felicidade e do sucesso está no Dan-Tien, segundo os antigos textos chineses. O Dan-Tien é a fonte da vitalidade e da alegria. Todos possuímos essa fonte, mas raramente temos consciência dela. Todos possuímos uma bússola interior que nos conduz à vida perfeita e nos mantém em sintonia com o cosmos. Quando prestamos atenção a seus sinais sutis, podemos esperar uma vida fértil, gratificante e abençoada com relacionamentos repletos de amor.

Essa bússola é tão simples e infalível que temos a tendência de não dar atenção a ela. Aliás, ensinaram-nos a não levá-la em consideração e a confiar em teorias complexas, regras artificiais ou sistemas de crenças. O conceito do Dan-Tien nos faz lembrar que todas as grandes verdades são simples e facilmente praticadas na vida do dia-a-dia.

Os asiáticos do leste já sabem, há milhares de anos, que a essência da nossa vitalidade e sabedoria inconsciente repousa no nosso centro. Nessa área, podemos sentir espontaneamente, em qualquer

Figura 1. Em sintonia com a vida em qualquer momento.

momento, se estamos em sintonia com a vida. Quando pensamos ou fazemos algo que não está de acordo com nossos sentimentos mais profundos, imediatamente temos uma sensação no nosso centro, no Dan-Tien. Esse sinal nos diz que a maneira como estamos pensando ou agindo não está exatamente correta. Se deixamos de perceber o sinal, ele se torna mais forte, até que, finalmente, sentimos um "nó" no estômago. Se nos habituarmos a sempre desconsiderar essa mensagem, podemos acabar tendo uma úlcera no estômago ou outros problemas psicossomáticos.

Mas se pensamos e agimos em harmonia com o Dan-Tien, temos uma agradável sensação na região abdominal. Nós nos sentimos felizes e interiormente em harmonia. Com o tempo, podemos aprender a cultivar esse estado para que ele se torne um hábito agradável. A mente e o corpo podem então chegar ao seu desempenho máximo e evitar o *stress* desnecessário.

Milhões de Minutos Felizes

O Dan-Tien nos torna felizes e bem-sucedidos por uma razão mais profunda: ele nos liga à força cósmica vital. Quando prestamos atenção aos sinais vindos do nosso centro e agimos de acordo com eles, entramos em harmonia com a energia primordial, que chamamos de divina. Só podemos encontrar a verdadeira felicidade quando vivemos em harmonia com o nosso eu divino.

O Dan-Tien não oferece sistemas filosóficos, preceitos morais, análises psicológicas ou explicações intelectuais. Em vez disso, recebemos impulsos de momento a momento. Assim como a criança em busca dos ovos de Páscoa é guiada pelos chamados de "quente" ou "frio", nós também podemos contar com os sinais do nosso centro na nossa busca da felicidade e do sucesso.

Através do Dan-Tien apreciamos e desfrutamos o "aqui e agora". Quando podemos ser felizes aqui e agora, quando podemos desfrutar o minuto seguinte e depois o outro, e assim por diante, podemos aproveitar o dia inteiro. Quando fazemos isso toda semana durante meses, desfrutamos milhões de minutos felizes no decorrer dos anos. É bastante simples.

É claro que haverá minutos em que sentiremos que algo está errado. Nós nos sentiremos infelizes até nos lembrarmos da nossa bússola interior e seguirmos a mensagem dela. Geralmente constatamos que nos perdemos numa série de pensamentos inúteis e sem objetivo, ou talvez que estávamos fazendo algo que não satisfazia à necessidade do momento. Em vez de viver no aqui e agora, estávamos preocupados com o passado ou com o futuro. Em vez de pensar no que nos dizia respeito, nós nos envolvíamos com os problemas de outras pessoas.

Mas tão logo percebamos que estamos no caminho errado, podemos mudar o curso e restaurar o bom sentimento, geralmente em questão de segundos ou minutos. Nossa maior fonte de felicidade é a sensação de estar no caminho certo, aqui e agora. É claro que também nos sentimos bem quando atingimos uma meta, mas não atingimos metas todos os dias.

Impulsos Divinos

Com o nosso Dan-Tien inato, temos um sistema comprovado que foi aprimorado no decorrer de milhões de anos. Ele nos conecta "*on-line*" com o grande computador cósmico. Nenhum sistema criado pelo homem é capaz de se igualar à sua engenhosidade e perfeição.

A idéia de que os impulsos divinos podem ser retransmitidos através de um centro nervoso no corpo não combina com nossos conceitos ocidentais. Aprendemos que o divino só pode vir de cima, através da cabeça, da alma ou da consciência. Fomos treinados a não confiar nos nossos sentimentos mais profundos e a reprimir nossos "instintos animais inferiores". Muitas pessoas ainda consideram a parte do corpo que está abaixo da cintura como "suja", inqualificável ou como a fonte de desejos pecaminosos.

No entanto, nessas crenças ocidentais repousa a nossa incapacidade de usufruir a vida do dia-a-dia. As pessoas que rejeitam o corpo e as emoções são chamadas de neuróticas. Elas podem se acostumar a essa condição dividida e suportar a vida, mas não conseguem encontrar a verdadeira felicidade. Só de vez em quando, e por coincidência, elas conseguem entrar em harmonia consigo mesmas e com o todo cósmico.

Elas podem se consolar com teorias ou religiões que aceitam o sofrimento como algo normal, ou podem ainda atenuar a dor usando drogas legais ou ilegais. Elas podem tentar se distrair através da atividade incessante ou do ruído, mas são incapazes de ter acesso ao segredo que seus ancestrais mais remotos já conheciam antes de elas se tornarem "civilizadas" por meio de ensinamentos antinaturais.

É possível abandonar hábitos antinaturais. Podemos descobrir nosso centro interior e redescobrir nossa capacidade de desfrutar cada minuto. Para fazer isso, não precisamos de exercícios vigorosos nem de análises longas e custosas. Tudo o que precisamos fazer é confiar novamente nos nossos impulsos interiores e segui-los.

Nos capítulos seguintes, veremos como podemos praticar o segredo do Dan-Tien na vida cotidiana. Mas, primeiro, vamos examinar suas antigas origens.

Figura 2. A palavra Tao significa caminho ou senda.

Capítulo 2

As Origens do Dan-Tien

O Melhor Lugar do Corpo

A palavra Dan-Tien significa "região abdominal", e os antigos textos chineses a descrevem como "o melhor lugar do corpo". Às vezes, essa área também é chamada de Ponto Fundamental. No Japão, ele é conhecido como Hara, que significa "abdômen".

Ensinamentos taoístas que remontam a quatro ou cinco mil anos ensinam detalhadamente como entrar em contato com o centro de vitalidade e alegria, e como usá-lo para estabelecer uma ligação com a energia cósmica Chi. O taoísmo é a religião folclórica chinesa que ensina o "caminho perfeito"; a palavra Tao significa "caminho" ou "senda". Não se trata de uma "religião paternal" no sentido ocidental e, sim, de uma filosofia de vida prática com raízes religiosas.

Diz-se que o Ponto Fundamental está situado logo abaixo do umbigo, mais ou menos 2,5 centímetros para dentro do corpo. Esse ponto também está localizado logo acima do útero, o lugar quente e protegido onde a vida tem início. Esse é o melhor lugar para o desenvolvimento do embrião, onde ele descansa em segurança no centro de gravidade do corpo da mãe. Ele também está cercado pelos órgãos vitais e possui um bom e seguro suprimento de sangue. Até mesmo na anatomia masculina, na ausência do útero, esse é o núcleo central da vitalidade. Enquanto a cabeça, os órgãos dos sentidos e outros órgãos externos estão expostos e vulneráveis, o Ponto Fundamental no abdômen é um santuário, um porto seguro, um lugar onde podemos nos sentir bem.

Diz-se que as pessoas que têm a energia Chi centrada no Ponto Fundamental estão protegidas contra todo o tipo de perigo. O Dan-Tien pode acabar com tensões, dores, doenças e outras influências hostis ou "queimá-las". Por conseguinte, a dispersão ou perda da energia Chi abre a porta para o sofrimento e o infortúnio, enquanto a concentração da energia vital no Dan-Tien traz felicidade e boa sorte.

Hara, o Ponto Fundamental Japonês

Zen, a arte de deixar a mente livre de pensamentos e encontrar o centro interior, é uma experiência que não pode ser facilmente descrita com palavras. No entanto, se o zen possui uma essência, esta pode ser Hara, o equivalente do Dan-Tien chinês.

O conceito do Hara está profundamente enraizado na cultura, na religião e na vida cotidiana japonesa. A maioria dos ocidentais conhece a palavra apenas quando ligada ao harakiri, estranho suicídio japonês. Os samurais recorrem a essa maneira de tirar a vida porque acreditam que a energia vital Ki reside no abdômen, não no coração ou na cabeça.

Mesmo hoje em dia, os japoneses tendem a sentar-se, ficar em pé, andar e se mover de uma maneira bastante centrada. Quando eles estão numa fila, por exemplo, geralmente se apóiam firmemente nas pernas, mantendo a coluna reta e os braços e o pescoço relaxados. Os ocidentais, na mesma situação, tendem a se apoiar "relaxados" numa das pernas e descansar a outra, o que gera uma curva na coluna e uma perda de Hara.

A ênfase numa postura e atitude centradas é inerente ao caráter nacional japonês. As pessoas que não estão firmemente apoiadas no Hara tendem a ser consideradas imaturas, irresponsáveis ou confusas. Até mesmo as crianças em idade escolar aprendem a importância de permanecerem centradas no Hara, o "cérebro do abdômen", tanto na escola quanto da vida diária.

A maioria das meditações zen encerra um único objetivo: eliminar da mente o tagarelar irrelevante e encontrar o verdadeiro eu no centro silencioso. No centro sentimos a bem-aventurança, enquanto todo o sofrimento é apenas um indício de que perdemos o contato com a nossa verdadeira natureza, com a Natureza em geral e com a energia vital cósmica Ki.

Os ocidentais que tentam o caminho zen apresentam a tendência de achar a posição sentada (zazen) tão enfadonha e dolorosa, que logo desistem. Voltaremos a esse assunto no Capítulo 6 e mostraremos uma forma de meditação que você quererá fazer com freqüência por ser extremamente agradável.

A Personalidade Dan-Tien

Diz-se que as pessoas que vivem em sintonia com seu centro possuem uma "personalidade Dan-Tien", e essa é considerada uma grande honra. Elas são reconhecidas por sua atitude serena, prestativa e modesta. Elas são autoconfiantes sem buscar a notoriedade e não estão interessadas em impressionar ou dominar os outros. No entanto, irradiam um poder tranqüilo e atraem admiradores e seguidores.

Todos os aspectos da vida delas estão em harmonia com o Dan-Tien, dos mais ínfimos detalhes às metas globais. A vida delas é bem orientada e elas parecem conhecer o significado da vida. Elas não têm medo de obstáculos, de inimigos nem da morte. Sabem que cada obstáculo pode ensinar-lhes uma lição valiosa, e que cada inimigo é um mestre capaz de ajudá-las a acabar com suas fraquezas. Elas não temem a doença, as infecções nem as bactérias enquanto vivem em harmonia com a energia vital universal.

Elas vêem o lado bom em todo ser humano, sem excluir ninguém. Sabem que todas as pessoas gostam de estar em harmonia com a energia vital, mas muitas não sabem como fazê-lo. Quando as pessoas não conhecem o segredo do Dan-Tien, elas sentem com facilidade na mente e no corpo a raiva, a ganância, a inveja, o orgulho, a depressão, a maldade, o ciúme, a preguiça ou a doença.

As personalidades Dan-Tien geralmente têm uma aparência muito mais jovem e saudável do que seria de se esperar se considerássemos sua idade cronológica. Elas conseguem correr sem ficar sem fôlego. Sabem quais alimentos são bons para elas e não têm problemas de digestão nem de eliminação. Elas sabem como acumular a energia sentando-se em silêncio com a coluna reta. Respiram pelo nariz, num ritmo suave, esvaziando lentamente os pulmões a cada respiração. Seus olhos são relaxados porém alertas e expressivos, e a voz delas ressoa a partir do abdômen. As passagens das vias aéreas ficam desobstruídas porque o sangue circula livremente pelo corpo. A cabeça fica fria e os pés quentes.

Os movimentos do corpo têm origem no centro, e não na cabeça ou no ombro. Elas não ficam inquietas nem tamborilam nervosamente os dedos. Cada respiração, cada passo e cada movimento envolve alegria. As outras pessoas sentem o que está acontecendo e apreciam a companhia da personalidade Dan-Tien, embora possam não ter consciência das razões mais profundas disso.

O Dan-Tien e a Respiração

Os mestres taoístas afirmam que a respiração é a força motriz que faz a energia vital circular através do corpo. Eles sabem que a respiração superficial (feita através da região superior do peito) é o que dá origem à maioria das doenças. Todo o sistema imunológico se enfraquece por causa de maus hábitos respiratórios. Um número impressionante de doenças e problemas nervosos desaparecem em poucas semanas quando a pessoa se habitua a praticar a respiração profunda.

Sabemos, no Ocidente, que a respiração é necessária para recebermos o oxigênio e expelirmos o gás carbônico. Mas a respiração realiza outras coisas que são vitais para a nossa saúde e bem-estar. A cada respiração, também estimulamos o centro nervoso do abdômen, o Dan-Tien. Podemos observar isso quando damos um "suspiro de alívio". Nossa digestão também é estimulada quando respiramos profundamente a partir do diafragma. Muitas pessoas sofrem de prisão de ventre só porque seu intestino não é massageado por meio da respiração rítmica. Até mesmo a circulação sangüínea e linfática nessa parte central do corpo depende das contrações rítmicas do peito e do abdômen.

Enquanto a pessoa comum inspira de 16 a 18 vezes por minuto, esse índice cai para dez ou mesmo seis respirações depois do treinamento do Chi Kung. Diz-se que cada pessoa, ao nascer, recebe uma determinada cota de respirações. Quanto mais lenta a respiração, mais longa será a vida. A respiração profunda é realizada expelindo-se o ar e esvaziando os pulmões depois de cada respiração, até que a inalação seguinte se siga espontaneamente. A respiração lenta gera um estado sereno de repouso interior, que por sua vez diminui a necessidade de oxigênio. Esse estado pode ser intensificado através da prática da meditação.

A respiração saudável sobe e desce imperceptivelmente, sem esforço. Acima de tudo, ela encerra alegria. Sempre que notamos que nossa respiração fica mais agitada, irregular, superficial ou desagradável, sabemos que algo está errado com a maneira como pensamos, sentimos e agimos no momento. Em questão de minutos podemos nos sentir melhor se primeiro expirarmos e depois deixarmos o ar entrar rapidamente. De repente, o mundo à nossa volta parece um pouco melhor. Podemos mudar nossa vida se fizermos disso um hábito.

Nosso Centro de Gravidade

O Dan-Tien também está perto do nosso centro de gravidade. Quando nos sentimos bem e centrados no abdômen, deixamos que isso transpareça tanto na coordenação corporal quanto na consciência e nos movimentos do corpo. Todos os nossos movimentos passam a ter origem no centro de gravidade situado na pelve, logo abaixo do umbigo.

Nas artes marciais do Extremo Oriente como o judô, o jiu-jítsu, o kung fu e especialmente o aikidô, a idéia do equilíbrio centrado é considerada básica e essencial. Em séculos passados, esses métodos de autodefesa eram praticados como uma questão de sobrevivência e não só como jogo, esporte, *hobby* ou exercício de preparo físico. O lutador que não conhecia esse segredo e pensava a partir da cabeça (em vez de a partir do centro de gravidade) se movia desajeitadamente e era derrubado e morto com facilidade.

As tradições médicas do Extremo Oriente também enfatizam a importância do centro, que é ao mesmo tempo encarado como a sede do Chi ou Ki, a energia vital. A energia Chi individual de uma pessoa está, por sua vez, relacionada com a força cósmica vital do universo. Diz-se que o contato com essa força garante saúde, felicidade e uma longa vida.

Tudo isso no início talvez não combine com a nossa idéia de que somos pessoas inteligentes com uma boa cabeça, ou pessoas amorosas com um grande coração. Não obstante, é verdade que os movimentos das pessoas equilibradas e felizes têm origem no quadril. Esse fato se evidencia mais com a maioria das crianças em idade pré-escolar, quando elas ainda se movimentam com naturalidade e espontaneidade. Podemos perceber isso quando observamos as crianças brincando. Se, a seguir, observarmos os movimentos dos adultos "normais", poderemos ver a diferença. O adulto ocidental médio se move nervosamente a partir da cabeça ou dos ombros, sem graça nem equilíbrio espontâneo.

De acordo com a sabedoria popular chinesa, a perda do contato com o centro é a origem de todo o sofrimento e infelicidade humanos. Essa perda também é a principal causa das doenças psicossomáticas e dos incontáveis "males da civilização" que agora formam mais de 90% das nossas doenças. Os hábitos pouco naturais de vida e pensamento destroem a família e se espalham pela sociedade, produzindo decadência, desesperança, hostilidade e violência. É só através do contato com o Chi cósmico por meio do Dan-Tien que podemos transformar essas energias negativas em alegria e vitalidade.

Canais de Energia

Diz-se que a energia vital Chi está à vontade no Dan-Tien. Dali, ela circula pelo corpo através de uma complexa rede de canais ou condutos chamados meridianos. A energia vital circula livremente quando nossa saúde é boa e nos sentimos bem. Ela supre de energia vital cósmica todos os órgãos, tecidos e células. A doença tem início quando o fluxo fica estagnado ou há excesso de Chi em algum lugar do corpo.

Técnicas como a acupuntura, a acupressura ou reflexologia dos pés podem ser usadas para estimular ou uniformizar o fluxo. Milhões de chineses também praticam diariamente o Tai Chi Chuan (simulação de luta contra um adversário imaginário) para aumentar e manter a energia. O conhecido sorriso de tantos asiáticos orientais, em parte é explicado pela crença que eles alimentam de que a alegria e a felicidade aumentam a vitalidade, enquanto o mau humor, a tristeza ou a melancolia a fazem diminuir.

A arte de canalizar a energia Chi é conhecida como Chi Kung. Muitos mestres de Chi Kung são capazes de projetar sua energia para curar os doentes sem tocá-los. Outros conseguem mover a distância objetos inanimados, partir blocos de mármore com o punho, vergar espessas barras de ferro, despedaçar pedras com as mãos, deixar que carros passem por cima deles, etc. Esses feitos não são lendas, mas fatos documentados por médicos e cientistas ocidentais.

Enquanto os que praticam a medicina ocidental se apóiam quase que totalmente na tecnologia e em produtos químicos que chamam de remédios, os agentes de cura do Extremo Oriente estão firmemente convencidos de que a saúde depende do fluxo de energia do Dan-Tien.

Hoje podemos tirar vantagem dessa sabedoria. Podemos manter o fluxo da energia quando amamos e apreciamos todos os aspectos do nosso eu físico. Podemos resolver as tensões abrindo os canais de energia bloqueada. Sempre que notarmos que nossa mente está abarrotada de pensamentos inúteis e desagradáveis, podemos neutralizá-los, conduzindo a energia de volta ao Dan-Tien. Em poucos segundos, ou minutos, conseguiremos nos sentir bem de novo e ter pensamentos agradáveis e úteis.

O Sorriso Interior

Podemos ouvir as mensagens do Dan-Tien, mas também podemos cultivar o "sorriso interior". Os mestres taoístas vêm ensinando esse segredo há milhares de anos, e hoje podemos aprendê-lo com mestres como Mantak Chia, que foi criado na Tailândia, a "terra dos sorrisos".[1]

Ao praticar o sorriso interior, geramos uma boa energia dentro de nós e irradiamos felicidade. Dissolvemos energias negativas como a raiva, a frustração e o *stress*. Os venenos do nosso corpo são neutralizados e substituídos por secreções semelhantes ao mel. O sistema imunológico se fortalece e todos os órgãos e células se revigoram.

Em vez de pagar os outros para nos fazerem felizes através de divertimentos artificiais, criamos nossa própria realidade alegre. Deixamos de depender da televisão, do álcool ou das drogas para sorrir. Podemos sorrir a qualquer hora e em qualquer lugar, enquanto nos sentamos, andamos, deitamos ou ficamos em pé.

Tente isso agora. Levante os cantos da sua boca. A seguir, deixe-os cair. Você sente a diferença? Algo acontece dentro de você quando você sorri. Você se sente bem no seu Dan-Tien e, pouco a pouco,

---

1. Mantak Chia, *Taoist Ways to Transforming Stress into Vitality* (Huntington, NY: Healing Tao, 1986). Ele escreveu muitos livros sobre taoísmo.

a alegria se irradia para todos os órgãos e células do seu corpo. À medida que você mantém essa sensação, você também cria boas vibrações ao seu redor, e as pessoas respondem à sua atitude jovial.

Assim como os nossos órgãos internos entendem a linguagem do sorriso interior, o mesmo ocorre com as pessoas à nossa volta. Todo mundo gosta de lidar com alguém que vive em harmonia com o Dan-Tien.

O idioma tailandês tem uma palavra que consegue descrever de modo aproximado esse estado: *sanuk*. Ela reflete o encantador hábito tailandês de fazer as coisas de um modo que faz as pessoas se sentirem bem. Quer estejam no trabalho ou se divertindo, elas gostam de fazer tudo com um sorriso interior. Os tailandeses, por serem budistas, não acreditam em um deus todo-poderoso, e não precisam esperar para receber no céu a recompensa pelas boas ações que praticam. O sorriso interior lhes proporciona recompensas imediatas.

A Grande Gargalhada

Um discípulo zen contou a história de como ele tentou alcançar a iluminação através de anos de árduos exercícios e autodisciplina. Ele inclusive praticou o jejum e tentou ficar sem dormir durante longos períodos.

No entanto, em vez de encontrar a paz interior, ele começou a se sentir fraco. Teve pesadelos, ouviu ruídos estranhos, o sangue subiu-lhe à cabeça e seus pés ficaram frios. Com freqüência ele transpirava demais, não conseguia enxergar bem e tinha problemas estomacais. Procurou vários médicos, mas os remédios que lhe foram receitados não puderam ajudá-lo. Ele tentou a acupuntura sem sucesso. Então ele ouviu falar num eremita que morava em uma gruta numa remota região montanhosa. Tratava-se de um homem bem idoso e diziam que ele conhecia o segredo da saúde.

O discípulo zen, que estava se sentindo muito fraco nessa ocasião, resolveu, como último recurso, visitar o eremita. Depois de andar durante vários dias, ele encontrou a montanha e subiu até a gruta. Cumprimentou respeitosamente o ancião e descreveu seu estado.

"Sei exatamente o que o aflige", disse o velho, "porque eu fui o chefe religioso de um grande mosteiro. Muitos jovens nos procuravam ansiosos para alcançar a iluminação. Eles meditavam dia e noite, e estudavam as escrituras. Mas logo contraíam o que eu chamo de doença zen, porque permitiam que sua energia subisse à cabeça. Em vez de manter o Ki no Hara, que é o lugar dele, eles o concentravam na mente. Isso perturbava a mente e dissipava a energia deles, além de fazer com que se sentissem fracos.

"Nas nossas reuniões, eu lhes explicava o que estava acontecendo. Depois eu lhes ensinei a levar a energia de volta ao Hara e a expirar através da sola dos pés. Quando cada alento circula por todo o corpo e desce até os pés, o corpo e a mente recuperam a energia.

"Depois de praticarem essa técnica durante algumas semanas, eles passaram a sentir grande vitalidade e alegria. Suas queixas e doenças desapareceram. Eles batiam palmas e dançavam. Quando se sentavam para meditar, freqüentemente davam a grande gargalhada que acompanha o Satori e a iluminação."

Passo a Passo

Os capítulos que se seguem mostram como adquirir com facilidade, passo a passo, o hábito do Dan-Tien. Em cada página você irá encontrar uma sugestão prática ou conhecimento que o ajudará a desenvolver o "sentimento correto". Pouco a pouco você irá adquirir o jeito de pensar e fazer as coisas que transmitem uma boa sensação ao seu Dan-Tien.

Entretanto, não se trata de percepções intelectuais. Viver em harmonia com o Dan-Tien é uma experiência mente-corpo que envolve tanto os sentimentos quanto a consciência do corpo. Qual a sensação de um pensamento? Como você o sente no corpo? A sensação é boa?

À medida que você vai adquirindo o hábito do Dan-Tien, você aos poucos vai abandonando algumas convicções arraigadas. Você descobre, por exemplo, que é bem possível apreciar tudo o que você pensa e faz. Você descobre que, na verdade, não precisa se esforçar nem lutar para atingir metas importantes e que seus "problemas" não precisam de anos de análise. Ao fazer a experiência nos dias subseqüentes, você se convence de que a perspectiva Dan-Tien oferece uma melhor solução.

Você não encontrará muitas rotinas formais de exercícios neste livro. Permanecer centrado e em contato com o Dan-Tien a cada minuto é uma arte sutil que requer improvisação e imaginação. Essa afirmação é melhor explicada nos capítulos 12 e 13, com os seguintes títulos: "Sentimentos Agradáveis e Desagradáveis" (pág. 115), "Faça um Auto-Exame" (pág. 120) e "Resumo da Perspectiva Dan-Tien" (pág. 138).

Resta ainda uma última pergunta: Você realmente quer ser feliz? Ou será que, com o passar dos anos, o sofrimento se tornou para você um hábito agradável? Será que você se sente seguro ou até mesmo à vontade com seu sofrimento e seus problemas prediletos? Milhões de pessoas efetivamente preferem a segurança do sofrimento à assustadora perspectiva de serem responsáveis pela própria felicidade. Elas conseguem sentir-se superiores ao culpar as outras pessoas e o mundo pela sua própria desgraça. Conseguem extrair uma perversa satisfação da sua infelicidade. Nesse aspecto, elas recebem o apoio de certos tipos de filosofia, religião e psicoterapia e são justificadas por eles.

Figura 3. É o mesmo com tudo o que pensamos e fazemos todos os dias.

Capítulo 3

O Dan-Tien na Vida Cotidiana

A Arte de Lavar a Louça

A arte de nos sentirmos bem interiormente pode ser cultivada. Quando lavamos pratos, por exemplo, podemos fazê-lo da maneira difícil ou do jeito Dan-Tien. Podemos nos debruçar sobre a pia com uma expressão sombria no rosto. Podemos fazer esforço enquanto prendemos a respiração e contamos os minutos. Podemos pensar a respeito de um erro que cometemos dez anos antes. Podemos sentir inveja do nosso vizinho que tem o último modelo de lava-louça. Podemos ranger os dentes por causa de um comentário feito por alguém.

Também podemos optar por lavar a louça à maneira Dan-Tien. Podemos balançar o corpo, deixar cada respiração vir com facilidade, planejar a próxima refeição ou ter outros pensamentos agradáveis. Podemos até cantar ou assobiar e mexer os quadris.

Quando lavamos a louça da maneira fácil, nós nos sentimos bem interiormente, os músculos do estômago relaxam. Estamos em contato com o nosso Dan-Tien, e caminhamos na direção certa. Se temos uma recaída e voltamos aos antigos hábitos de tensão, sentimos imediatamente um impulso desagradável na região do estômago. Trata-se de um sinal para que relaxemos e deixemos de fazer esforço. Tomamos consciência de que a nossa postura está tensa ou de que a nossa respiração tornou-se superficial, por exemplo. Então, podemos retomar o caminho certo e apreciar o que estamos fazendo. Depois de lavar a louça nós nos sentimos alegres, não exaustos.

O mesmo se aplica a tudo o que pensamos e fazemos diariamente.

Podemos caminhar pela rua e apreciar cada passo. Ou podemos andar com esforço, com os ombros tensos, lembrando, distraídos, de coisas desagradáveis ou de algo que nos preocupa.

Podemos nos aproximar das outras pessoas com determinação, uma expressão sombria e tensão no estômago. Ou podemos relaxar e tomar consciência do que estamos sentindo e dos sentimentos dos outros. Podemos sentir aquilo de que eles precisam enquanto explicamos a eles a nossa necessidade. Talvez eles nem sempre concordem conosco, mas eles gostarão de nós espontaneamente, porque sentem que pensamos e agimos em harmonia com a vida.

O Stress *Imposto a Si Mesmo*

No entanto, o mais importante é a maneira como tratamos a nós próprios. Podemos facilmente nos tornar vítimas do *stress* imposto a nós mesmos. Podemos nos esforçar para pensar em coisas que no fundo não apreciamos e lutar para fazê-las. Podemos continuar a nos deter em pensamentos que nos deixam infelizes.

Ou podemos escolher a vida feliz e agradável, dando atenção ao nosso Dan-Tien. Nossa bússola interior nunca deixa de apontar o caminho. Ela também sabe o que devemos fazer primeiro. Quando fazemos o que é mais importante no momento, nós nos sentimos bem interiormente. Mas quando desperdiçamos nosso tempo com algum detalhe irrelevante, a sensação boa imediatamente desaparece e recebemos a mensagem, "Atenha-se ao essencial!" Assim como sentimos dor quando tocamos num fogão quente, também nos sentimos mal no Dan-Tien quando pensamos ou fazemos coisas que atrapalham ou ferem nossos interesses vitais.

As lembranças podem representar outra armadilha se não dermos atenção aos sinais do nosso Dan-Tien. Suponhamos que nos sentimos deprimidos enquanto pensamos a respeito de um erro ou trauma passado. Quanto mais imaginamos cada detalhe, mais infelizes nos sentimos. Admitimos, é claro, que a nossa depressão é causada pelo erro ou trauma. Por conseguinte, continuamos a analisar a situação e procurar soluções, o que nos entristece ainda mais, dando origem a um ciclo vicioso.

No entanto, a verdadeira causa de tudo não é o nosso passado. A verdadeira causa é o hábito que temos de viver no passado da maneira errada. Se tivéssemos prestado atenção aos sinais do nosso Dan-Tien, teríamos percebido que eles nos diziam que estávamos no caminho errado desde o início. Teríamos sabido que é inútil ou prejudicial nutrir pensamentos capazes de nos magoar. Nós os teríamos substituído por pensamentos ou ações que teriam nos feito sentir bem, porque atendiam à necessidade do momento. Ou talvez tivéssemos começado a olhar para o nosso passado de um modo construtivo. Todas as experiências passadas trazem em si lições secretas, ou podem ser usadas como meios para chegarmos a um fim. Assim como existem muitas maneiras de lavarmos pratos, também existem muitas formas de lidarmos com o passado.

O mesmo se aplica aos nossos pensamentos a respeito do futuro. Podemos nos preocupar com um desastre iminente e suportar a tensão interior, ou podemos ouvir o nosso Dan-Tien e praticar uma ação que nos faça sentir bem de novo. Podemos começar a nos preparar. Tão logo fazemos isso, nós nos sentimos bem de novo, embora sempre haja perigos sobre os quais não temos controle. Qualquer tipo de preocupação invariavelmente está nos dizendo que não estamos prestando atenção aos sinais do nosso Dan-Tien. A mensagem é, sempre: "Não se sinta desamparado e preocupado, faça algo neste momento ou tome uma decisão."

Dan-Tien, o Órgão Orientador

Tudo isso significa que devemos abandonar nosso intelecto e confiar apenas nos nossos sinais interiores? Pelo contrário. O Dan-Tien nos ajuda a usar a mente de um modo mais eficiente e alegre, e a sintonizá-la com a inteligência infinita.

A figura abaixo oferece uma maneira de compreender como a nossa mente funciona realmente. Cada órgão tem uma função essencial. As pernas possibilitam que nos desloquemos, as mãos permitem que agarremos as coisas e os órgãos sensoriais externos permitem que enxerguemos, ouçamos, cheiremos, provemos e toquemos os objetos.

O cérebro coordena os impulsos nervosos, os processos internos e as informações externas. Ele é um instrumento engenhoso, mas

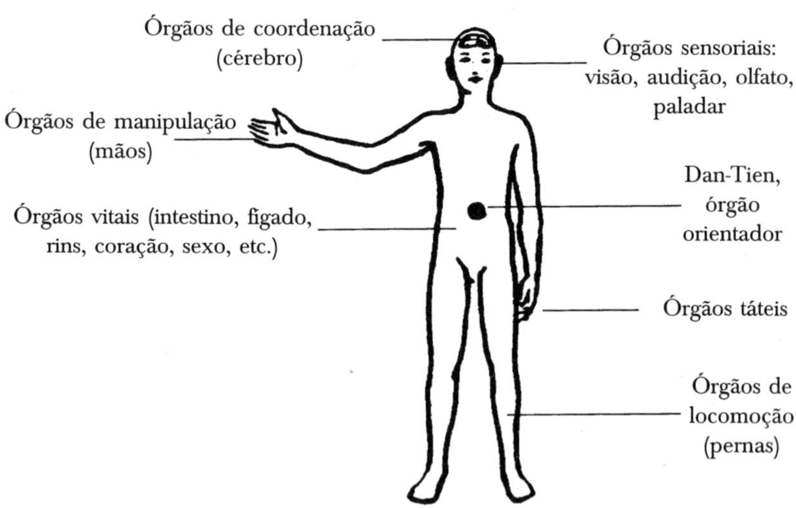

Figura 4. Dan-Tien com relação ao resto do corpo.

não é o supremo juiz e diretor. Para saber o que de fato tem importância vital, precisamos consultar a sensação profunda que temos nos órgãos vitais situados no nosso centro. Esse é o ponto na nossa mente/corpo capaz de nos dizer a qualquer momento se nossos pensamentos e ações realmente atendem às nossas necessidades vitais que estão em harmonia com a inteligência infinita.

Resumo

Na nossa busca da felicidade e do sucesso, precisamos de um navegador (cérebro), e o navegador precisa de uma bússola (Dan-Tien). Quando nos sentimos bem interiormente, nosso Dan-Tien nos diz que estamos no curso certo e em harmonia com a vida. O que pensamos e fazemos agora faz sentido e atende à necessidade do momento.

Sempre que sentimos a tensão ou a angústia acumular-se no nosso Dan-Tien, nossas ações e pensamentos estão no rumo errado. Podemos estar tendo pensamentos irrelevantes ou fazendo a coisa certa da maneira errada. Nossa bússola nos diz que devemos procurar uma melhor perspectiva. Está na hora de buscarmos o nosso caminho, até sentir de novo a alegria. Esse processo pode parecer complicado, mas leva apenas um minuto. De repente, nos sentimos bem novamente porque entramos em harmonia com o Tao, a origem da criação.

Figura 5. Um discípulo adiantado aperfeiçoa a arte aos poucos.

CAPÍTULO 4

O Diário de um Discípulo Dan-Tien

Como Adquirir o Hábito

Até recentemente, poucas pessoas no Ocidente conheciam o Dan-Tien. Mas esse conhecimento não as ajudava muito, pois elas não sabiam como aplicar o segredo à vida cotidiana. Eu particularmente levei um ou dois anos para adquirir o hábito e colher os benefícios. Mesmo agora, eu me considero um aluno adiantado que está aperfeiçoando a arte aos poucos.

Algumas das mudanças que o Dan-Tien provocou na minha vida estão refletidas nos meus diários. Neste capítulo, faço citações de seções importantes capazes de ensinar o caminho que leva da teoria à prática. No início, elas poderão parecer um tanto banais. Mas creio que poderão exemplificar o caminho Dan-Tien melhor do que a maioria das explicações abstratas.

7 de outubro

Enquanto escovava os dentes, de repente tomei consciência de uma tensão no abdômen. O que tinha acontecido? Eu me lembrara de um programa horrível da televisão. Tão logo passei a pensar em outro assunto que eu apreciava, meu corpo relaxou e eu me senti bem.

Esse fato mostra que a felicidade freqüentemente pode ser criada em poucos segundos. É muito fácil mergulhar no *stress* desnecessário durante minutos, horas, dias, ou até durante mais tempo, quando não tomamos consciência dos sinais do Dan-Tien.

Logo depois de escovar os dentes, eu estava sentado lendo quando, de repente, me senti tenso. Então percebi que a sensação desagradável vinha do cotovelo esquerdo. Eu colocara o braço numa posição incômoda e esse detalhe aparentemente sem importância provocara tensão na mente/corpo. Tão logo estendi o braço, senti-me bem de novo. Com freqüência, pequenas coisas podem fazer diferença.

8 de outubro

Eu estava trabalhando num original e fiquei sem idéias, o que me deixou tenso e cansado. Será que eu deveria me obrigar a continuar? Concluí que a tensão era um sinal do Dan-Tien para que eu relaxasse e usasse outra perspectiva. Resolvi então tirar um cochilo.

Quando acordei, me senti relaxado e consegui escrever com facilidade.

9 de outubro

Hoje joguei tênis. Esse jogo se tornou uma espécie de exercício zen para mim desde que li *The Inner Game of Tennis.*[1] O autor, campeão

---

1. W. Timothy Gallwey, *The Inner Game of Tennis* (Nova York: Bantam, 1984).

e instrutor de tênis com experiência zen e iogue, ensina a arte de manter a mente na bola. Ele descobriu que as pessoas podem melhorar seu jogo impedindo a mente de interferir na sabedoria do corpo. O corpo sabe instintivamente onde, quando e como balançar a raquete. Tudo o que temos a fazer é nos concentrar na bola e deixar que os reflexos inconscientes façam o trabalho. Tanto no tênis como no zen e na vida diária é sensato confiar nos sentimentos profundos (Dan-Tien), interromper o tagarelar interior, pensar naquilo que nos faz sentir bem, e colocá-lo em prática.

10 de outubro

Ouvi numa estação de rádio alemã a canção "... meide den Kummer und meide den Schmerz, dann ist das Leben ein Scherz..." que significa "Evite o arrependimento, evite o sofrimento, e a vida será divertida".

Eu costumava achar essa canção tola e superficial, mas agora consigo perceber a profunda sabedoria popular que ela encerra. Ao seguir as mensagens do Dan-Tien, também evito ficar pensando em experiências tristes ou que causam sofrimento. Antes de descobrir esse segredo, eu costumava mergulhar de cabeça em lembranças tristes e me sentir infeliz por não encontrar nenhuma resposta. Eu fora encorajado a fazer isso por incontáveis livros de psicologia que prometiam resolver todos os problemas por meio da análise do passado da pessoa, mesmo que essa análise durasse anos.

Agora sei como fugir de imediato do inútil hábito de ficar remoendo pensamentos, confiando simplesmente nos meus sentimentos profundos e me concentrando em coisas necessárias e agradáveis.

12 de outubro

Minha meta agora está mais voltada para melhorar a minha habilidade Dan-Tien e manter um registro do meu progresso para futura referência do que para escrever um livro. As metas são úteis e necessárias, mas minha prioridade número um é a harmonia com o Dan-Tien. Se uma meta causa angústia no meu centro, para mim isso significa que eu devo procurar uma meta ou perspectiva melhor, até me sentir bem de novo. O fim não justifica os meios, e uma "boa" meta se torna "má" quando é buscada do modo errado.

À noite fui convidado a participar de uma reunião de pessoas interessadas em espiritualidade. Havia nove homens e mulheres, muitos dos quais eram homens de negócios e profissionais dos meios de comunicação. O apresentador de um programa de entrevistas na rádio falou a respeito da memória e de como podemos melhorá-la. A seguir, a anfitriã da reunião, uma jornalista, quis saber a nossa opinião sobre orientação. Todos sentíamos ter espíritos orientadores, anjos da guarda, acesso à força cósmica vital ou Deus? Quando expliquei que eu obtinha minha orientação do Dan-Tien, quase todos os presentes acharam a colocação interessante e concordaram em que também seguiam seus sentimentos mais profundos.

A conversa voltou-se então para o tema do sofrimento. O sofrimento era normal ou até mesmo necessário para o desenvolvimento espiritual? Minha teoria era, é claro, que o sofrimento mental nos mostra que estamos no caminho errado e que nos sentimos bem quando pensamos e agimos em harmonia com a vida. No budismo, no cristianismo e especialmente no islamismo, por outro lado, o sofrimento é considerado uma virtude. Quanto mais religiosos somos, mais sofremos. Para mim, isso parece uma conspiração entre religiosos e dirigentes para que as pessoas continuem sempre a ser obedientes e possam ser mais facilmente governadas e exploradas.

Mencionei um paralelo entre o sofrimento mental e físico. É normal e natural ficar doente e sentir dor? A doença é benéfica para nós porque ela nos torna saudáveis? Acredito que o oposto seja verdade, ou seja, que a saúde é normal e natural e a doença nos diz que nos desviamos do caminho da natureza. O sofrimento mental não é só uma doença, ele diminui a nossa vitalidade. Como podemos levar uma vida mais feliz e saudável? Prestando atenção ao Dan-Tien, nossa bússola e guia interior.

Ressaltei então a diferença entre os conceitos hindu e taoísta. Os hindus acreditam na hierarquia dos chakras ao longo da coluna vertebral, com o chakra supremo situado no alto da cabeça. Essa noção reflete a mentalidade indo-européia mal equilibrada, na qual a mente governa e o corpo obedece. O universo taoísta é mais equilibrado e centrado, com um equilíbrio saudável entre mente e corpo, pensamentos e sentimentos, céu e terra. Os taoístas usam a cabeça, mas são guiados por impulsos divinos através do centro, o Dan-Tien. Existem milhares de escolas taoístas, e a maioria delas concorda com o que acabo de dizer.

13 de outubro

Hoje foi um dia agradável em Amsterdã, onde estou morando. Balancei-me durante mais de uma hora na rede da varanda que dá para belos jardins. Por que sinto tanto prazer nisso? Talvez os meus ancestrais tenham morado em árvores e se balançado nos seus galhos. Agora o meu Dan-Tien me diz que esse é o tipo de cenário que me faz sentir vivo e à vontade. Ao mesmo tempo, posso formular idéias e fazer anotações para um original.

Ontem visitei uma senhora que me perguntou se eu tinha algum problema nas costas. Ela havia percebido o meu hábito de me sentar ereto e supôs que eu estivesse me sentindo desconfortável. Por que eu simplesmente não relaxava e me encostava no sofá? Nos últimos anos as pessoas me têm feito freqüentemente essa pergunta, e tenho de explicar que gosto dessa postura, que ela me faz sentir centrado e em equilíbrio. Às vezes também gosto de me recostar numa espreguiçadeira, relaxar numa rede ou ler na cama. Mas com a coluna ereta e, ao mesmo tempo, flexível, a cabeça balançando no alto e os pulmões abertos, consigo me sentir centrado no Dan-Tien.

Figura 6. O deus da felicidade.

Observei que a postura "relaxada" com a coluna curvada e os pulmões afundados, costuma me fazer sentir infeliz em questão de minutos. Todos sabem disso em países como o Japão, e os professores de ioga sempre nos dizem que o fluxo das energias nervosas fica bloqueado quando a coluna está habitualmente curvada. Atualmente, isso também afeta milhões de pessoas, que passam o dia em cadeiras "confortáveis" assistindo à televisão ou dirigindo seus carros. Os pulmões afundados dão origem a pensamentos depressivos de tristeza, medo, raiva, culpa, etc.

É por isso que o deus chinês da felicidade, chamado de *Hotei* no Japão, é retratado numa postura de alongamento, com a coluna reta e o peito aberto.

14 de outubro

Tive uma sensação de frustração enquanto examinava algumas pastas. De que adiantava escrever todas aquelas cartas todas as semanas e receber uma pilha de correspondência todos os anos? Por que eu desperdiçava dessa maneira um tempo, energia e papel tão preciosos?

Em anos anteriores, esses sentimentos freqüentemente perduravam dias ou semanas. Hoje eu sei mais das coisas. Sei que eles surgem quando estou pensando ou fazendo a coisa errada num dado momento. Nesse caso, eu me senti deprimido por causa de uma pilha de cartas porque eu sabia no fundo que tinha coisas mais urgentes para fazer.

Simplesmente afastei as pastas e me concentrei naquilo que fazia com que eu me sentisse bem no Dan-Tien por atender à necessidade do momento: organizar um encontro importante no fim de semana e preparar-me para ele.

Em outras ocasiões, o oposto talvez tivesse acontecido. Os compromissos sociais podem ter-me deixado chateado por eu sentir uma necessidade urgente de escrever cartas. Em ambos os casos, a frustração não é causada pelas pastas, encontros nem por nenhuma outra coisa, e, sim, pelo sentimento de que o que eu estou pensando ou fazendo na hora não é importante.

Mais tarde fui fazer compras, e novamente fiquei irritado ao olhar para a grande quantidade de produtos no supermercado. Por que havia diferentes tipos de margarina e tantos doces e chocolates? Por que eu ingeria toneladas desses alimentos todos os anos? Por que esse consumo em massa estava piorando a cada ano?

Voltei-me para minha bússola Dan-Tien para pedir uma resposta e obtive a seguinte mensagem: em primeiro lugar, relaxe o estômago e os músculos. Segundo, concentre-se nas coisas de que você realmente mais precisa no momento. Esqueça os problemas do mundo e, em vez disso, resolva os seus.

Tão logo relaxei o estômago, a tensão que existia no meu corpo e na minha mente começou a desaparecer. Minha coluna se endireitou, minha respiração recuperou seu ritmo normal e profundo, e meus pensamentos retornaram a canais úteis. Preparei o cardápio para a refeição seguinte, comprei os itens necessários e saí do supermercado. O problema do consumo em massa ainda estava presente, mas não era minha maior preocupação naquele momento. Portanto, concentrei-me nas coisas que tinham importância imediata e passei a me sentir bem.

15 de outubro

No ano passado, uma coisa muito interessante me aconteceu quando eu estava visitando os Mares do Sul. Hospedei-me numa cabana em uma ilha remota que pertencia a um grupo chamado "The Friendly Islands". Embora o cenário fosse idílico, logo tive a "sensação profunda" de que minha bagagem não estaria segura ali. Limpei a areia diante da minha janela e, realmente, vi pegadas na manhã seguinte. Depois disso, mal tive coragem de deixar a cabana, nem mesmo para nadar ou comprar mantimentos.

No início, fiquei deprimido e achei que minhas férias estavam arruinadas. Quando consultei meu Dan-Tien, obtive a seguinte mensagem: você está mais infeliz por estar se preocupando em vez de agindo do que pelo receio de perder a bagagem. Certamente deve haver algo que você possa fazer.

Mas o que eu poderia fazer? Resolvi esconder o meu dinheiro, o passaporte e a passagem aérea debaixo do linóleo da cabana. Encontrei um esconderijo secreto para minha máquina fotográfica, meu rádio e meu *walkman* no telhado de capim. Armei então meu pequeno alarme eletrônico na minha mochila e fui nadar.

Ao retornar uma hora mais tarde, notei que o alarme havia sido desligado por um ladrão experiente que tinha entrado pela janela. Ele revistara todas as minhas coisas sem encontrar nada de valor. Meu Dan-Tien havia salvo minhas férias, e agora era a vez do ladrão se sentir frustrado. Parti pela manhã para outra ilha onde os nativos eram realmente amistosos.

16 de outubro

Ao chegar à ilha, descansei durante algum tempo. Também decidi fazer algo a respeito da minha vista, que havia sofrido um pouco por causa do *stress* da viagem. Nunca usei óculos devido ao meu hábito de, às vezes, fazer exercícios de relaxamento ocular. No decorrer dos anos, extraí grandes benefícios da técnica desenvolvida por um oftalmologista americano, e escrevi um livro sobre o assunto.[2] O médico descobriu que a maioria dos defeitos de visão como a hipermetropia e a miopia são causados pela fixação do olhar e o esforço ou pioram por causa disso. Ao relaxar os olhos e todo o sistema nervoso por meio do "ritmo", da "vibração", do "toque com as mãos", da "exposição ao sol" e de outros exercícios, podemos melhorar a visão. Ao mesmo tempo, conseguimos outros benefícios que podem ser até mais importantes. Por exemplo, a memória, a digestão, a saúde e o bem-estar geral melhoram. Também temos a sensação feliz de estar em sintonia com a vida e com o Dan-Tien.

17 de outubro

Anos atrás, eu costumava me perguntar por que algumas pessoas tinham uma sorte incrível, ao passo que outras tinham de lutar durante a vida toda. Será que elas tinham herdado talento ou dinheiro? Elas eram mais inteligentes ou tinham recebido uma educação melhor? Elas haviam tido pais amorosos ou uma infância feliz? Elas seguiam uma determinada filosofia ou iam ao terapeuta certo? Joga-

---

2. Christopher Markert, *Seeing Well Again* (Saffron Walden, Inglaterra: C. W. Daniel, 1982). Este livro também foi publicado nos EUA, Alemanha, Holanda e Itália.

vam tênis, futebol ou eram sócias dos clubes adequados? Praticavam meditação, ioga ou aeróbica?

Hoje eu sei o que as pessoas de "sorte" têm em comum. Elas tem um certo jeito, uma atitude que é fácil de detectar mas difícil de descrever. Elas simplesmente estão vivas no aqui e agora; elas estão em contato com a vida e com os seus próprios sentimentos. Elas têm acesso a uma fonte inconsciente de vitalidade e inspiração. Pensam e agem de uma maneira mais ou menos espontânea e freqüentemente são guiadas por palpites sutis. Embora usem a cabeça, elas também têm uma espécie de sensação profunda com relação ao que devem fazer a qualquer momento. Geralmente estão ocupadas com pensamentos e atividades que fazem com que se sintam bem.

Em outras palavras, essas pessoas usam o segredo do Dan-Tien, embora possam não ter consciência desse fato. Elas praticam as idéias que os chineses sempre cultivaram desde o início dos tempos.

CAPÍTULO 5

Como Cuidar do Dan-Tien

Nossa Fonte de Vigor e Energia

No Extremo Oriente, as pessoas recebem orientação divina através do Dan-Tien. No entanto, elas também têm consciência dos aspectos mais práticos da digestão. Elas cuidam bem do abdômen mantendo-o aquecido e escolhendo os alimentos adequados. Elas sabem que o aparelho digestivo transforma o alimento em energia e lhes confere o vigor de que precisam na vida cotidiana. Seu bem-estar emocional, mental, espiritual e até mesmo social depende desse suprimento contínuo de energia. Quando a digestão é perturbada, elas sabem que logo irão se sentir fracas, cansadas ou irritadas, que não irão pensar e trabalhar como deveriam e que terão problemas com sua autoconfiança. Seus relacionamentos serão complicados ou difíceis e todo o grupo ou a família irá sentir a tensão.

Por outro lado, elas sabem que o *stress* emocional pode causar problemas no estômago, e tentam manter-se mentalmente em equilíbrio. Elas também apreciam um humor uniforme e as boas manei-

Figura 7. Eles cuidam bem do abdômen.

ras, além de conhecerem a importância dos momentos tranqüilos, do silêncio e da meditação.

Enquanto os ocidentais, no inverno, gostam de envolver o pescoço com xales, muitos habitantes do Extremo Oriente colocam faixas de lã em volta do abdômen, mesmo nos meses mais quentes. Desse modo, protegem os órgãos centrais e evitam doenças. A famosa vitalidade dos asiáticos em parte pode ser explicada pelo hábito que eles têm de cuidar dos órgãos vitais.

Alimentação com Qualidade para o Dan-Tien

Os ocidentais tendem a dar pouca atenção às qualidades dos alimentos que "alteram a mente" por acreditarem que a "mente domina a matéria". Os asiáticos entendem mais a correlação entre a mente e o corpo. Os mercados agrícolas das aldeias chinesas, por exemplo, oferecem arroz, legumes, verduras e frutas junto com plantas medicinais. Quando alguém fica doente, um remédio natural é fabricado sob a forma de chá, sopa ou ensopado.

As refeições diárias são consideradas composições vitais e saudáveis que possuem o equilíbrio adequado e que produzem o equilíbrio correto na mente e no corpo. Um bom prato chinês não é só uma mistura saborosa que tem os "requisitos mínimos" de calorias, vitaminas e minerais, e sim uma obra de arte que encerra a combinação adequada de cor, sabor, textura e fragrância. Acima de tudo, os ingredientes têm de ser frescos. Metade da arte culinária repousa na obtenção de legumes e verduras de primeira classe diretamente do produtor.

A maioria das pessoas viajadas concorda em que a cozinha chinesa supera todas as outras em variedade e no requinte. Mas os restaurantes chineses no Ocidente freqüentemente não se mostram à altura desse padrão porque usam uma grande quantidade de alimentos enlatados e conservas.

As refeições chinesas não são preparadas em recipientes e panelas comuns, mas, em "woks", grandes panelas cônicas colocadas sobre uma chama. Quase todos os ingredientes são cortados em cubos ou fatiados, jogados no wok quente e fritos em fogo forte durante alguns minutos. A refeição então é servida imediatamente, enquanto está fresca e cheirosa. Além de produzir refeições saborosas e saudáveis, esse método também economiza tempo e combustível.

No entanto, independentemente de onde estivermos, podemos confiar nos nossos sentimentos mais profundos. Eles nos dirão o que é melhor para nós. Sabemos no íntimo que precisamos de uma comida fresca e saudável. Em qualquer momento, nosso Dan-Tien é capaz de nos dizer se estamos realmente com fome ou se estamos apenas nos empanturrando por nos sentirmos entediados ou frustrados. Não precisamos de especialistas que nos digam que o alimento de má qualidade irá diminuir a nossa vitalidade e que a obesidade é perigosa para o nosso bem-estar físico e mental. Podemos aprender a distinguir entre as coisas que só têm sabor agradável e as que fazem realmente nos sentir bem interiormente.

O Funcionamento Espontâneo

Quando vivemos em sintonia com o Dan-Tien, nossas funções físicas nos transmitem a sensação de alegria. Sentimos que todas as partes da mente e do corpo estão em harmonia: o processo digestivo, os membros, os músculos, as articulações e as células.

Mas quando esse sentimento de união interior se perde, temos a tendência de encarar o corpo como uma máquina complexa, ou como um empregado problemático que precisa ser eternamente fiscalizado e controlado. Sentimos que o corpo é um mecanismo inadequado que precisa ser continuamente monitorado por especialistas e que precisa ser aperfeiçoado através de drogas milagrosas, cirurgias e tecnologia. A mente desempenha então o papel de um ditador que não pode confiar em seus subordinados e que nunca pode realmente se sentir à vontade.

Com efeito, é exatamente assim que a ciência médica ocidental moderna olha para o corpo. No Extremo Oriente, por outro lado, encontramos uma crença diferente, que é partilhada pelos físicos atômicos. Albert Einstein e os sábios chineses concordam em que a mente e o corpo, ou o espírito e a matéria, são dois aspectos da mesma coisa. Por conseguinte, a matéria não é um objeto passivo que precisa ser movido por uma força exterior. O corpo não é um objeto passivo que precisa ser controlado pela mente. As leis naturais e divinas não são externamente impostas ao corpo; elas estão contidas nele.

O corpo é regulado pela sua própria sabedoria interior, que percebemos no Dan-Tien. O corpo também pode curar a si mesmo na maioria dos casos, se o permitirmos. Hipócrates, fundador da medicina moderna, admitiu esse fato há dois mil anos: "O médico pode tratar de um paciente e ajudar na sua recuperação, mas só a natureza é capaz de curar."

Hoje em dia, os médicos mais inteligentes do mundo estão aprendendo a mobilizar o poder de cura inerente ao corpo. Eles também compreendem que prevenir é melhor, mais barato e mais fácil do que curar. Lamentavelmente para o paciente, não se ganha dinheiro com a prevenção. Até mesmo os médicos bem-intencionados pertencem a um sistema fundamentado no interesse comercial. O poderoso complexo médico-farmacêutico se concentra em curas dispendiosas, medicamentos e cirurgias que correm à custa do paciente.

O Seguro-Saúde Chinês

Na antiga China, era comum as pessoas pagarem aos melhores médicos uma mensalidade para que ele as conservasse com boa saúde. Sempre que o cliente ficava doente, o médico tinha de cuidar dele sem cobrar nada até que a saúde fosse restabelecida. Era função do médico detectar os primeiros sintomas e ter consciência das causas fundamentais da doença. Nesse acordo, o médico era recompensado por manter o cliente saudável, ao passo que os médicos de hoje são remunerados quando o cliente fica doente. Quanto pior a saúde do paciente, melhor para o médico e para a indústria farmacêutica.

Precisamos compreender que o atual sistema de saúde pode ser perigoso para a nossa saúde e que não podemos esperar muito dele. Felizmente, temos um sistema melhor dentro do corpo, o sistema de alarme chamado Dan-Tien. Quando prestamos atenção aos seus sinais, podemos detectar os primeiros sintomas e começar imediatamente a agir.

Qual é o primeiro débil sinal que indica que estamos ficando doentes? É a sensação de mal-estar interior ou *stress*, que chamamos de infelicidade. Se deixarmos que esse estado continue e se torne um hábito, um dia ele irá assumir a forma de uma disfunção física. Por sorte, podemos acabar com o sofrimento interior no estágio inicial, antes que ele possa causar algum dano, simplesmente vivendo de novo em harmonia com o Dan-Tien.

A medicina moderna está amplamente voltada para a doença. Os livros de medicina atuais relacionam milhares de moléstias com os sintomas e complicações que as acompanham. No entanto, eles não falam nada a respeito da saúde e de como mantê-la. Ao mesmo tempo, precisamos admitir que a maioria dos pacientes foi condicionada a esperar que os médicos façam tratamentos rápidos (e dispendiosos) ou "consertos". Poucas pessoas hoje em dia se mostrariam dispostas a admitir que poderiam ter evitado a maior parte das suas doenças se tivessem adotado um modo de viver mais saudável.

Por exemplo, os ataques do coração e a degeneração dos vasos sangüíneos são hoje a principal causa de doenças e de morte nos países ricos. A indústria farmacêutica está ficando rica ao desenvolver um número cada vez maior de drogas milagrosas para combater esse "castigo do homem moderno". O colesterol é considerado o principal culpado, e milhões de pessoas consomem drogas caras para baixar o nível do colesterol.

As pessoas que comem os alimentos certos e se sentem em paz consigo mesmas, porque vivem em harmonia com o Dan-Tien, raramente sofrem de doenças do coração. Podemos ficar praticamente imunes ao principal assassino da nossa sociedade, adquirindo o hábito de ouvir as mensagens vindas do nosso centro. Podemos esperar viver uma longa vida com saúde. A velhice pode ser tão saudável e gratificante quanto os outros estágios da vida, se pensarmos sempre no nosso sistema de alarme.

Segundo antigos livros de medicina chinesa, o Dan-Tien pode "queimar" ou acabar com todas as doenças, pelo menos nos estágios iniciais. Para favorecer esse processo, podemos de vez em quando nos retirar para um lugar tranqüilo, escuro e aquecido. Podemos passar ali bastante tempo, deitados ou numa postura meditativa, deixando que a energia de cura do Chi se acumule no Dan-Tien. Então, as células doentes de todas as partes do corpo são detectadas e "queimadas" pela energia Chi. Quando temos efetivamente essa sensação e adotamos um ritmo respiratório profundo, conseguimos acelerar o processo de cura.

Diz-se que o Dan-Tien é tão forte, que é capaz de lidar com todos os venenos sem sofrer dano. Ele pode acabar com todas as tensões físicas e mentais. Quando nos vemos diante de uma ameaça ou inimigo, por exemplo, podemos simplesmente relaxar e "queimar" a influência negativa. Em vez de ficarmos agitados e começarmos a brigar, podemos lidar com o conflito do modo mais fácil.

No Capítulo 15, voltaremos ao assunto da cura.

Como Manter Feliz o Dan-Tien

Quase todos aprendemos que, para atingir uma meta digna, precisamos nos esforçar, lutar e sofrer. Essa sabedoria pode ser útil nas emergências, mas não é adequada para a vida cotidiana. Na verdade, o oposto é verdadeiro. Realizamos mais, aprendemos mais rápido e pensamos com mais clareza quando a mente e o corpo estão relaxados, quando nos sentimos bem no Dan-Tien.

Mas o hábito do esforço está arraigado em quase todos nós, e precisamos de algum tempo para nos livrarmos dele. Temos de cultivar a arte de deixar as coisas acontecerem e aproveitar cada minuto. O Dan-Tien nos mostra o caminho, nos diz se estamos em sintonia com a vida a cada momento. No entanto, ele não nos diz *o que* fazer. Ele só indica se estamos ou não no rumo certo. Ele só é capaz de dizer Sim ou Não.

Portanto, temos de usar nossa engenhosidade e imaginação para descobrir o que o Dan-Tien está tentando nos dizer. Isso requer certo grau de flexibilidade mental e demoramos um pouco para pegar o jeito. Por exemplo, se não estou me sentindo tranqüilo interiormente, isso significa que devo escrever uma carta, lavar a louça, visitar um vizinho ou comer alguma coisa? As possibilidades são infinitas, e devo contar com a orientação do meu instinto ou intuição. Regras rígidas ou o pensamento lógico não são muito úteis neste caso. Para estimular a imaginação, posso elaborar uma lista das coisas que me fazem sentir bem. É possível que no início eu pense apenas no óbvio, como comida, uma companhia agradável ou televisão. Mas, à medida que eu me torno mais consciente das minhas verdadeiras necessidades, a lista começa a ficar cada vez mais longa.

Posso me sentir bem, por exemplo, ajudando alguém, sentando-me ao sol, participando de uma festa, planejando minhas próximas férias, lendo um livro interessante, caminhando descalço na grama, conhecendo novas pessoas, parecendo mais atraente, apreciando uma flor, uma planta ou uma árvore, comprando um presente para alguém, aprendendo algo novo, sentando-me no jardim, tirando um cochilo, indo a um seminário ou palestra, desfrutando um momento de silêncio e solidão, telefonando para alguém, sonhando acordado, visitando amigos, saindo para dançar, cantando ou dançando sozinho, fazendo uma refeição num restaurante aconchegante, recordando um acontecimento agradável, pensando na pessoa que eu amo, indo dar um passeio.

O Prazer da Jornada

Quando estamos em harmonia com o nosso Dan-Tien, apreciamos tanto o caminho quanto a meta. Nesse caso, ao contrário do que diz o provérbio, dois proveitos cabem num saco só. A vida se torna mais agradável aqui e agora, além de adquirir mais significado e beleza. Sentimos como se fizéssemos parte de uma bela paisagem da natureza e, no final do caminho, fôssemos uma vez mais recompensados com belos presentes.

Por outro lado, a maioria dos sistemas religiosos, filosóficos ou psicológicos requerem exercícios enfadonhos ou desagradáveis, um longo treinamento, autodisciplina ou a negação de si mesmo. Os "altos" ocasionais tendem a se desgastar e se transformar em "baixos," e os antigos problemas estão sempre reaparecendo.

Seguir o Dan-Tien é natural e espontâneo. Ele está em sintonia com a natureza e, portanto, em harmonia com a nossa própria natureza. Não precisamos forçar a nós mesmos ou aos outros, nem aderir a sistemas artificiais. Tao logo compreendemos a idéia fundamental, estamos no caminho certo e apreciamos cada passo do percurso. Na verdade, não existe nada que precisemos aprender. Devemos apenas *des*aprender o hábito de não dar atenção aos nossos impulsos naturais e à nossa verdadeira natureza. Ao prestar atenção no Dan-Tien, redescobrimos a nossa capacidade de sentir a plenitude da vida, de alcançar nosso potencial e usar as oportunidades que a vida nos oferece.

Entre outras coisas, o Dan-Tien nos ajuda a atingir nossas metas. Mas a euforia de conseguir o que queremos raramente dura. Logo queremos algo novo, pois essa é a natureza humana. A vida é uma jornada, não um destino, e 99% do tempo estamos em busca de alguma meta. Tornar essa jornada agradável e compensadora é tão importante quanto chegar ao destino. Quando seguimos o Dan-Tien, apreciamos cada passo do caminho e encontramos satisfação nas atividades do dia-a-dia, nos encontros, nos relacionamentos e nas experiências. Desfrutamos cada pensamento, cada passo, cada alento.

Sentimentos

O que são exatamente os sentimentos? Eles estão situados em algum lugar ou flutuam através e ao redor de nós? Eles estão na cabeça, no coração ou em todo o corpo? Ou eles são apenas vagos e nebulosos?

Os sentimentos podem nos dar arrepios, podem nos fazer enrubescer ou suar. Eles podem ser desagradáveis ou nos dar uma sensação de aperto na garganta. Eles podem nos fazer sentir leves ou pesados e podem fazer nosso coração bater mais rápido.

No entanto, a maioria dos sentimentos sutis de prazer ou de dor surgem no centro no corpo, no Dan-Tien. Sempre que nos sentimos realmente bem nessa área, sabemos que a mente e o corpo estão em harmonia. Quando funcionamos plenamente, nossos pensamentos e ações fluem em harmonia com a vida.

Quando nos sentimos à vontade no corpo, também nos sentimos à vontade no mundo. Temos paz de espírito e raramente sofremos por causa de emoções negativas ou depressão. Vemos na vida mais soluções do que problemas, mais oportunidades do que dificuldades. Parecemos atrair a sorte e o sucesso, e não temos tendência para sofrer acidentes. Somos resistentes à doença e temos um forte sistema imunológico. As outras pessoas nos acham atraentes. Fazemos os outros se sentirem bem porque nos sentimos bem.

Percebemos boas qualidades nos outros e em nós mesmos, somos delicados com os outros e com nós mesmos. Temos uma atitude amorosa diante da criação, da natureza, dos animais e das plantas. Estamos em contato com a força cósmica vital ou inteligência infinita. Nós nos sentimos felizes por estarmos vivos e nos sentimos bem em cada membro, músculo e célula do corpo.

O Segredo do Vazio

Os sábios e agentes de cura do Extremo Oriente mencionam às vezes a necessidade de alcançarmos um estado de vazio. Isso está em contradição com a idéia ocidental de uma vida gratificante e abundante? Devemos desistir do nosso desejo natural de viver plenamente e aproveitar cada dia? O que os sábios querem dizer com vazio é a ausência de um lastro inútil ou nocivo. Só podemos sentir a plenitude da vida quando nos livramos do "lixo" mental e físico.

A história do mestre zen e seu discípulo na cerimônia do chá exemplificam o que eu acabo de dizer. Enquanto o discípulo tagarela a respeito de assuntos sem importância, o mestre começa a encher a xícara. Ele despeja o chá, até que o discípulo exclama: "Pare, a xícara está transbordando!" O mestre continua a despejar o chá e diz: "Estou lhe mostrando o que está acontecendo na sua mente. Você continua a falar e sua cabeça está repleta de pensamentos confusos e inúteis. Em vez de esvaziar primeiro a mente, você deixa que seu pensamento se torne um fim em si mesmo. Você esqueceu que pensamentos úteis e esclarecedores só podem surgir no silêncio de uma mente relaxada e 'vazia'."

A principal causa do sofrimento mental e físico é o nosso hábito de nos sobrecarregarmos e de nos envenenarmos com coisas inúteis e prejudiciais. Só podemos ser saudáveis e felizes quando regularmente nos libertamos do lixo que tende a se acumular na nossa mente e no nosso corpo. Podemos, por exemplo, decidir que só comeremos quando tivermos fome, quando nosso estômago estiver vazio e pronto para digerir novos alimentos; que exalaremos todo o ar antes de inspirar, para que o ar usado seja expelido e o oxigênio vital possa encher o pulmão; que permitiremos que a mente relaxe regularmente e se livre das idéias estressantes e do tagarelar inútil, para que nossos pensamentos, palavras e ações façam novamente sentido. Quando purificamos dessa maneira a mente e o corpo, separamos o joio do trigo. Passamos a ter uma idéia clara do que é realmente importante para nós aqui e agora. O nosso agitado intelecto relaxa, os confusos monólogos desaparecem e sentimos a alegria de viver.

Quando adquirimos o hábito de respirar profunda e ritmicamente, expelimos a cada respiração o dióxido de carbono tóxico e inalamos o oxigênio vital, que energiza e rejuvenesce. A respiração profunda nos enche de alegria, ao passo que a respiração artificial nos entristece e causa todo tipo de doença.

Quando permitimos que o nosso aparelho digestivo se esvazie e se limpe regularmente, nós nos sentimos bem. O corpo e a mente podem funcionar da maneira ideal, porque produtos residuais não ficam acumulados. Hoje em dia, nos países ricos do Ocidente, as pessoas tendem a carregar muita matéria residual no intestino, matéria que elas chamam incorretamente de gordura. As paredes do intestino estão cobertas por uma camada elástica de matéria residual, e não conseguem mais absorver os nutrientes dos alimentos. Apesar de comerem demais, essas pessoas estão mal nutridas e freqüentemente se sentem famintas. Essa matéria residual também envenena o corpo e, no decorrer do tempo, causa muitas doenças como o câncer, a artrite e problemas do coração.

A perspectiva do Extremo Oriente pode nos mostrar que a abundância e a riqueza só podem nos fazer felizes se compreendermos o segredo do "vazio". Os conceitos de "vazio" e "cheio" se relacionam um com o outro como o Yin e o Yang, os dois elementos da energia cósmica vital: eles precisam um do outro e são complementares. Se exaltarmos um dos pólos e rejeitarmos o outro, será grande a probabilidade de ficarmos doentes e infelizes. Só podemos viver uma vida plena se apreciarmos as duas faces da moeda, como na polaridade entre pensamentos e sentimentos, tensão e relaxamento, teoria e prática, homem e mulher, céu e terra.

CAPÍTULO 6

Como Aprimorar o Dan-Tien

O Centro Tranqüilo

Podemos cultivar ainda mais o hábito do Dan-Tien através da rotina diária conhecida como meditação. Todos os sábios do Extremo Oriente concordam em que "sentar-se imóvel" diariamente durante um breve período acarreta um enorme benefício. A meditação possibilita que centremos e equilibremos a mente e o corpo em condições ideais.

Também podemos ficar centrados durante as atividades cotidianas em casa e no trabalho, enquanto lavamos a louça, operamos uma máquina ou conversamos com outras pessoas. Mas, enquanto estamos ocupados, temos tendência para nos concentrarmos na periferia, em vez de no centro. Somos facilmente dominados pelos estímulos oriundos dos cinco sentidos ou pelos nossos pensamentos. É claro que não existe nada errado em pensar, ver, ouvir, tocar, cheirar, ou provar as coisas. Mas essas funções não devem dominar a nossa vida. Elas devem ser servos, não senhores. Essas atividades periféricas devem ser guiadas pelo centro, o Dan-Tien.

Figura 8. Podemos cultivar ainda mais o hábito do Dan-Tien.

Quando esse não é o caso, imediatamente sentimos que há algo errado e nos sentimos infelizes. Só podemos nos sentir bem quando nossos pensamentos e os cinco sentidos estão funcionando em harmonia com o Dan-Tien. Nossos pensamentos só podem ser úteis, significativos e criativos quando são alimentados pela fonte; eles só podem florescer quando são nutridos pela energia vital da raiz.

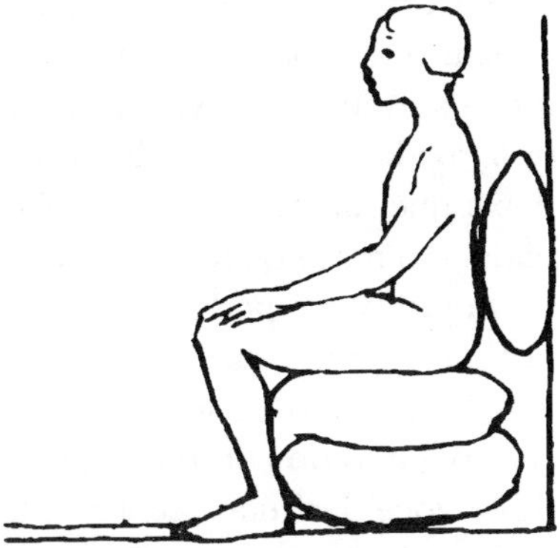

Figura 9. Posição sentada confortável.

Podemos escolher entre inúmeras técnicas de meditação, algumas melhores do que as outras. Quase todas são realizadas numa posição sentada ereta com as pernas cruzadas. Essa postura não é fácil para a maioria dos ocidentais, e não é essencial. Qualquer postura sentada serve, desde que a pessoa não fique curvada. A coluna deve estar ereta, os pulmões abertos, a cabeça erguida e equilibrada. Uma cadeira confortável pode ser usada no início, até que a pessoa adquira o hábito. Posteriormente, é melhor usar três travesseiros firmes arrumados sobre a cama ou uma superfície macia. Dois travesseiros formam o assento, e o terceiro serve de descanso para as costas contra a parede. Os estudantes adiantados usam um banco baixo sem encosto.

Meditação Preguiçosa

Buda, o grande mestre da meditação, é às vezes retratado na posição deitada. Os mestres taoístas recomendam a posição deitada e a respiração através do corpo como a maneira ideal para relaxar e encontrar o centro. Eles afirmam, inclusive, que essa simples e agradável rotina garante boa saúde, abundância e uma longa vida se for realizada sistematicamente no decorrer dos anos.

Você pode tentar fazê-la hoje. Hoje à noite, quando estiver deitado na cama, leve alguns minutos para retornar ao seu corpo. Você passou o dia todo preocupado com o seu ambiente e os seus pensamentos. Agora você voltará a atenção para o corpo, para o seu centro de gravidade ao redor do abdômen e para as pernas e os pés. Você deixa que sua mente/corpo volte ao normal, depois de um dia conturbado. Ao mesmo tempo, você começa a respirar de modo uniforme e profundo. Você pode fazer tudo isso simultaneamente de uma maneira fácil e agradável, "expirando através da sola dos pés".

Primeiro, você se deita confortavelmente de costas com os braços ao longo do corpo e as pernas estendidas. Seus olhos estão fechados e você desfruta o sentimento de paz no corpo e na mente durante um minuto. Se você ficar sonolento, simplesmente cochile. Tente de novo numa outra noite, quando estiver menos cansado.

Se sentir vontade de prosseguir, tome consciência da sua respiração. Depois, ao expirar, visualize a sua exalação descer lentamente através do seu corpo, das pernas, e sair pela sola dos pés. Visualize como a respiração flui através de todos os órgãos ao longo do caminho, passando através do pescoço, do coração, dos pulmões, do fígado, dos intestinos, dos rins, dos órgãos sexuais, das coxas, dos joelhos, das panturrilhas e dos pés.

Quando os pulmões tiverem expelido todo o ar, a inspiração ocorrerá naturalmente. Quando os pulmões estiverem novamente cheios, expire da mesma maneira através do corpo, desça até a sola dos pés, e assim por diante. Repita o procedimento durante vários minutos até se sentir totalmente relaxado, centrado e feliz, e depois durma. Você pode fazer isso qualquer dia, inclusive durante anos, desde que goste.

Imagens Mentais

Feche os olhos por um momento e visualize um pêssego maduro e suculento. Toque a casca suave e sedosa, deixe os olhos passearem pela forma arredondada e depois dê uma mordida na fruta. A seguir, dê outra mordida, e depois outra. Então, comece a mastigar e engula o delicioso suco. Você notou como a saliva aumentou na sua boca e como sua língua começou a se mexer? Você consegue imaginar como o estômago começa a segregar os sucos necessários à digestão?

Abra novamente os olhos. Você acaba de ter uma experiência de dar água na boca ao comer um pêssego imaginário. Sua mente e seu corpo estiveram envolvidos na experiência. Ao usar uma poderosa imagem mental, você influenciou o corpo e a mente, e até mesmo ativou a digestão.

Você pode usar o poder das imagens mentais na meditação. As mais adequadas para esse fim são as formas pretas simples que você já viu antes, como letras e números. Seria mais agradável contemplar flores, mas elas não são visualizadas com a mesma facilidade devido à complexidade das suas formas e cores. Você pode facilmente visualizar a letra "A" de olhos fechados, mas é necessário um grande esforço para ver uma rosa vermelha. Nas meditações que se seguem, você deve usar imagens fáceis para se tornar centrado de uma maneira relaxada.

A Experiência Zero

Agora você está pronto para a experiência visual. Você está sentado numa posição ereta e confortável. A luz do ambiente é suave e você tomou providências para não ser perturbado. Sua postura está relaxada e a cabeça descansa naturalmente no alto da coluna. Você respira com facilidade; você enfatiza cada expiração e depois deixa que o ar puro entre. Você usufrui o silêncio. Os pensamentos vêm e vão. Seus olhos estão fechados.

Neste ponto, você começa a visualizar as letras da palavra ZERO, uma depois da outra. Primeiro você vê a letra "Z". Na expiração seguinte, você deixa que seus olhos vaguem sobre essa forma, seguindo lentamente as linhas. Faça isso até que os seus pulmões se esvaziem; então deixe que o ar entre naturalmente.

Figura 10. A Técnica Zero.

Na expiração seguinte, você visualiza a letra "E" debaixo do "Z", e repete o ciclo. Deixe que os seus olhos tracem lentamente as linhas dessa letra até que os seus pulmões fiquem vazios. Deixe então que o ar entre e comece a visualizar a letra "R" debaixo do "Z" e do "E".

Agora você pega uma caneta hidrocor imaginária. Debaixo do "R" você traça com a caneta um "O" preto e grosso enquanto expira lentamente. A letra "O" também pode ser vista como um zero. Uma vez mais seus olhos passeiam pela forma da letra.

Quando seus pulmões estiverem vazios, você pegará novamente a caneta. Na expiração seguinte, você começará a encher o espaço vazio do "O" com a tinta preta da caneta.

Mantenha os olhos relaxados e em movimento; não deixe que eles se fixem em alguma coisa. Deixe que eles passeiem por cima e ao redor do ponto negro que você acaba de criar. Quanto mais preto você enxergar o ponto, mais relaxado você estará e melhor irá se sentir. Quando o ponto estiver de um preto intenso, você irá sentir a alegria e a felicidade fluindo através de você, principalmente no Dan-Tien.

Essa é uma maneira fácil de centrar a mente e o corpo. Ao fazer pela primeira vez a Experiência Zero, talvez você não consiga um bom resultado, mas, de qualquer modo, você deverá achar a experiência agradável. Se não gostar da experiência, pratique o "Expirar Através da Sola dos Pés" durante algumas semanas, até acabar com o *stress*.

Depois de praticar a Técnica Zero uma dúzia de vezes, você também poderá usar outras palavras se desejar, tais como APRECIAR, RELAXAR, TRANQÜILO, CLARO, UNIÃO. Escolha palavras agradáveis e acrescente o "O" no final, para poder obter o efeito do ponto negro. Nos antigos textos sanscríticos, o ponto negro simbolizava união e origem, o ponto no qual tudo está integrado e centrado (bindu). No taoísmo, o ponto negro é usado como símbolo do Tao, o "Caminho da Natureza", ou o cosmos.

O ponto negro também serve para indicar seu estado mental. Você vai descobrir que não consegue enxergar o ponto realmente negro quando está nervoso ou confuso. Quando você chegar em casa depois de um dia estressante, por exemplo, você talvez só consiga ver um círculo ou ponto cinza. Mas sempre que você se sente bem e centrado no Dan-Tien, o contorno do ponto fica bem nítido e você o vê bem negro. Ao mesmo tempo, você sente a alegria profunda que surge com a união interior.

Mil Benefícios

Sempre que estamos em contato com o nosso centro, temos acesso à fonte da verdadeira riqueza. Tudo aquilo de que realmente precisamos tende a vir a nós de uma forma misteriosa. O sentimento de realização interior raramente nos abandona. De vez em quando, ainda podemos passar por breves períodos de confusão, mas isso na verdade não nos aborrece porque sabemos que temos acesso à força universal. Nós nos sentimos seguros por saber que sempre podemos encontrar o caminho de volta à harmonia, prestando atenção no Dan-Tien ou usando as técnicas descritas anteriormente.

Os minutos que passamos nos centrando são os mais produtivos do dia. Enquanto estamos sentados ou deitados fazendo o exercício, aparentemente de maneira ociosa e improdutiva, nossos pensamentos, nossos planos e projetos se cristalizam ao redor do nosso objetivo principal. De repente, sabemos o que devemos fazer primeiro e como fazê-lo. O dia que temos pela frente se organiza sozinho num padrão mais eficiente, de modo que conseguimos fazer mais coisas com menos esforço.

Até mesmo o corpo funciona de modo mais eficiente e se torna menos inclinado a adoecer. As forças da cura de si mesmo entram em ação e começam a corrigir a tensão, o desequilíbrio e a anormalidade. Os sentidos da visão, do olfato, da audição, do paladar e do tato se tornam mais aguçados. Todas as funções do corpo, inclusive a digestão, a eliminação, a circulação do sangue, a pressão sangüínea, os batimentos cardíacos e a respiração começam a se normalizar.

Nós nos sentimos menos cansados ao realizar as nossas atividades cotidianas. A mente e o corpo funcionam juntos, tendo em vista uma meta digna. Fazemos mais coisas com menos esforço durante os períodos de agitação porque a mente está concentrada. Só ficamos cansados quando perdemos o nosso foco, quando os nossos pensamentos, as nossas ações e os nossos movimentos físicos ficam sem um rumo certo. O que nos desgasta num dia normal geralmente não é o trabalho em si, e, sim, a tensão e a confusão interior. No entanto, tão logo passamos a pensar e a agir a partir do centro, relaxamos, sabemos exatamente o que fazer e tudo se encaixa em seu devido lugar.

O Caminho Mais Curto Rumo à Meta

Muitos caminhos e percursos levam ao estado de união interior. Existem também muitos métodos que se desenvolveram em sistemas elaborados e que exigem anos de treinamento rigoroso. Mesmo depois de anos de estudo, o discípulo nunca pode ter a certeza de que atingiu a meta.

Muitos mestres, gurus e terapeutas têm, na verdade, interesse em prolongar o processo de aprendizado para aumentar sua importância pessoal e estimular a dependência do discípulo. Talvez eles não tenham consciência desse motivo ulterior, mas apreciam a posição social e os outros tipos de recompensa, inclusive a material.

Os métodos taoístas descritos neste livro oferecem um caminho mais curto e mais fácil rumo à felicidade e ao sucesso. Eles contêm a sabedoria popular acumulada em milhares de anos. São simples mas, ao mesmo tempo, práticos. Para descobrir o Dan-Tien, não precisamos entender sistemas complexos nem abandonar a vida no mundo real. Não temos de meditar durante horas nem parar de trabalhar. Não temos de procurar um mestre espiritual nas montanhas do Himalaia. Embora essa jornada para o Oriente seja uma experiência de iluminação, ela não é realmente essencial. O guia que estamos procurando está dentro de nós, no Dan-Tien.

Figura 11. No Ocidente também podemos cultivar essa percepção sutil e nos beneficiarmos dela.

Capítulo 7

Uma Explicação Ocidental para o Dan-Tien

A Lógica do Extremo Oriente e a Lógica do Ocidente

O Dan-Tien é um conceito chinês que não tem equivalente no Ocidente. No entanto, o princípio do Dan-Tien é universal e se aplica aos seres humanos em toda parte. No Extremo Oriente, as pessoas podem estar mais conscientes dos sentimentos sutis, mas os ocidentais também podem cultivar essa percepção e se beneficiar dela.

No Ocidente, sempre estivemos mais interessados na ciência e em dominar o meio ambiente. A lei da gravidade foi descoberta por Isaac Newton enquanto ele observava uma maçã caindo da árvore. Embora a maçã fosse inglesa, a lei da gravidade também atua na China e em toda parte.

Desde os dias de Newton, os chineses aprenderam a cultivar formas ocidentais de usar ciência e tecnologia. A princípio, tiveram dúvidas sobre os demônios ocidentais com máquinas estranhas, mas agora eles usam essa tecnologia com grande êxito.

Do mesmo modo, nós, no Ocidente, podemos aprender a sabedoria do Extremo Oriente. No entanto, seria um erro aceitar cegamente crenças estranhas e sobrepor à cultura ocidental um conceito desconhecido. Para nos beneficiarmos ao máximo devemos nos inteirar das novas idéias e refletir sobre elas. Temos de ajustar ou corrigir nossas antigas crenças quando percebermos que elas são limitadas ou não são realistas. Precisamos eliminar os pontos fracos e as falhas da nossa visão de mundo.

Uma dessas fraquezas é o hábito de não dar atenção aos sentimentos sutis e venerar o intelecto. Sabemos usar muito bem o raciocínio lógico a ponto de ele nos magoar e anular o seu propósito.

No entanto, não existe um conflito verdadeiro entre o intelecto e a intuição, entre a sabedoria do Extremo Oriente e a lógica do Ocidente. Podemos usar o nosso intelecto ocidental para explicar conceitos do Extremo Oriente como o Dan-Tien. Podemos chegar a uma verdadeira síntese que será muito útil não só para nós mas também para os orientais. A sabedoria deles é freqüentemente obscurecida por superstições irracionais que precisam ser explicadas pelo pensamento lógico.

A Anatomia do Dan-Tien

Um médico ocidental poderá explicar o fenômeno do Dan-Tien relacionando-o com o sistema nervoso. O corpo humano possui dois sistemas nervosos principais. Um deles coordena o corpo com o ambiente. O outro tem a função de manter os processos essenciais da vida dentro do corpo. De acordo com uma perspectiva leiga, poderíamos simplesmente falar de uma mente interior e de uma mente exterior.

Pensamos com a mente exterior e temos orgulho da nossa inteligência, mas o nosso fígado, por exemplo, é extremamente inteligente. Ele pode manter simultaneamente mais de cem processos químicos, além de produzir, concomitantemente, várias vitaminas. Diz-se que Napoleão era tão brilhante que conseguia fazer três coisas ao mesmo tempo. Sabemos hoje que o fígado dele era mais inteligente do que o cérebro.

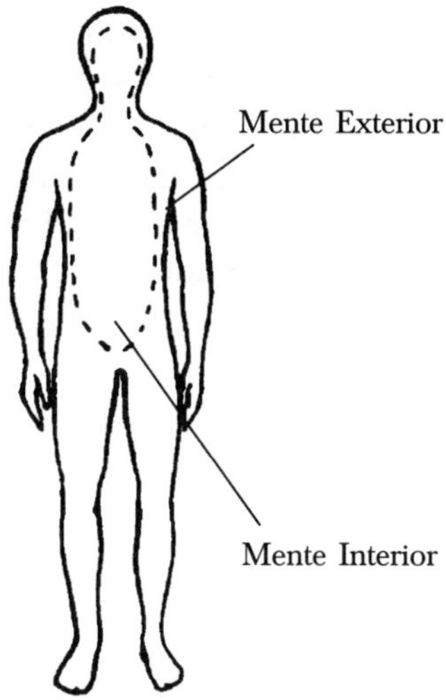

Figura 12. A mente exterior e a mente interior.

A Mente Exterior: É muito consciente, lida com o ambiente e soluciona problemas exteriores. Reage a acontecimentos externos imprevisíveis com decisões rápidas e simplificadas, e com ações agressivas ou defensivas. Ela é, por natureza, alerta, decidida, lógica e determinada. Percebe os acontecimentos numa seqüência lógica, usando a memória e a imaginação. Ela age por meio dos cinco sentidos (visão, audição, tato, paladar e olfato), dos membros (mãos e pernas) e de extensões (instrumentos físicos e mentais, linguagem, conhecimento, cultura, etc.).

A Mente Interior: É muito inconsciente e mantém a vida por meio do metabolismo, da digestão, do crescimento, da cura e da reprodução. Esses processos biológicos graduais são tão complexos que só podem ter lugar num ambiente controlado e favorável, de uma forma fundamentalmente automática. Por conseguinte, a mente interior é por natureza paciente, lenta e serena. Ela não percebe os acontecimentos numa seqüência lógica, mas através de ima-

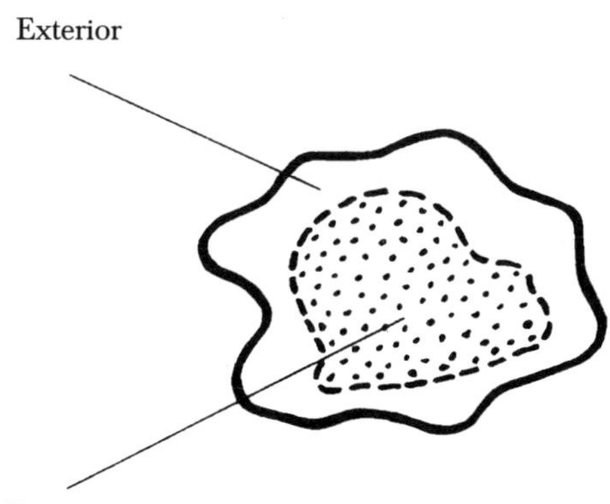

Figura 13. A Ameba.

gens abrangentes. Grande parte do seu trabalho é realizado durante o sono, e os sonhos são um exemplo de como ela sente a realidade.

Ela atua através dos órgãos e glândulas centrais vitais e digestivos. Algumas dessas atividades podem ser conscientemente percebidas pela mente exterior. Um exemplo disso é a "sensação profunda" na região abdominal.

A Origem da Vida

Aliás, essa organização interior-exterior (figura 13, página 73) é encontrada em todas as coisas vivas. Na sua forma mais simples, pode ser observada no nosso ancestral remoto, a ameba. Todas as células orgânicas consistem basicamente num núcleo interno e numa camada externa protetora.

Exterior: Protege o núcleo interno. Sensível à luz, a substâncias químicas, a correntes elétricas, a pressões, etc. Permite a entrada de substâncias nutritivas e mantém afastados os elementos nocivos. Toma decisões simples.

Interior: Mantém o processo vital, transforma a energia e cuida da reprodução por meio da divisão celular.

Os biólogos concordam em que, há milhões de anos, a primeira célula orgânica continha o modelo básico para todas as criaturas que vieram mais tarde: plantas, animais e seres humanos. Os organismos maiores são imensos conglomerados de células que se uniram para sobreviver. As diversas células se especializaram então em determinadas funções como o movimento, a comunicação, a alimentação e a reprodução.

A Atraente "Mente Exterior"

O nosso julgamento se dá no nível consciente superficial da mente exterior. Temos a tendência natural de achar que a mente consciente é mais importante do que a mente interior inconsciente. Achamos que o cérebro humano representa o auge da criação e que podemos resolver todos os problemas através do raciocínio lógico. Tendemos a não dar atenção aos sentimentos e a desprezar as funções do corpo. O resultado é a infelicidade, o sofrimento, a doença mental e física.

Mas não precisamos parar de pensar nem renunciar ao intelecto. O cérebro pode ser muito útil, mas só se ele estiver em harmonia com os sentimentos. E a maneira mais simples de alcançar essa harmonia é através do Dan-Tien, que nos oferece uma linha direta para a mente interior. Podemos ler os sentimentos de muitas outras maneiras, mas todas são de certo modo difíceis, complicadas ou pouco práticas. Algumas tendem a criar mais problemas do que a resolvê-los.

Quando dois sistemas igualmente complexos dependem um do outro para a vida e o bem-estar, a questão da importância se torna irrelevante. Cada um é importante na sua esfera particular. A mente exterior atua como líder na maioria dos assuntos externos, enquanto a mente interior está no comando quando se trata de questões internas. A mente exterior pode ser mais visível e "atraente", porque está em evidência na consciência e freqüentemente toma decisões impressionantes. Mas ela com certeza não poderia existir sem o apoio da mente interior.

Psicólogos, filósofos e religiosos vêm discutindo há milhares de anos o "problema da mente/corpo". Algumas das suas perguntas são: "Quem surgiu primeiro, a mente ou o corpo? Qual dos dois é melhor e deve governar o outro? A mente pode existir sem o corpo?"

Todas essas perguntas respondem a si mesmas quando estão relacionadas com o modelo biológico aqui descrito. No entanto, quase todas as filosofias e religiões ocidentais, inclusive as teorias de Freud, enfatizam a superioridade da mente exterior. Elas afirmam que não podemos confiar no corpo e nas emoções por serem primitivos e confusos, ou por serem a origem de todo o mal. Algumas delas (inclusive a de Descartes) até mesmo acreditavam que os seres humanos estariam em melhor situação se pudessem prescindir do corpo.

O Intelecto Alienado

Quando as pessoas perdem o contato com o centro, elas freqüentemente sentem hostilidade ao corpo e alienadas da natureza e da vida em geral. Elas deixaram de ter acesso ao mundo central confortável onde as coisas funcionam por si mesmas, onde a natureza as mantém e onde a cura e os poderes regeneradores entram em ação. Elas não conseguem sentir-se à vontade em nenhum lugar, e tudo o que pensam ou fazem está, de algum modo, fora de sintonia com a ordem cósmica.

Principalmente nas cidades modernas de hoje, as pessoas estão expostas a um cenário fabricado pelo homem que está em constante mudança, ao incessante ataque dos meios de comunicação e a uma atividade excessiva geral. Muitas residências mantêm um ou mais aparelhos de televisão permanentemente ligados.

Nesse ambiente superficial, as pessoas podem facilmente perder o contato com o outro mundo, o mundo confortável e natural da "mente interior". Elas sentem solidão e vazio quando se alienam do eu interior. A vida se torna inexpressiva e insuportável.

Numa tentativa desesperada de acabar com o sofrimento e se sentir feliz de novo, muitas dessas pessoas começam a beber. Outras recorrem a drogas legais ou ilegais. Elas foram criadas numa sociedade voltada para as drogas, onde é considerado normal e natural depender de substâncias químicas que agem como estimulantes, tranqüilizantes, analgésicos e soníferos, e que até criam um estado mental de alegria. Mas o uso habitual dessas muletas contribui para multiplicar os problemas dessas pessoas.

Quando o intelecto desconsidera ou reprime o Dan-Tien, ele está agindo como um ditador. À semelhança de todos os ditadores, ele pode então reivindicar um sucesso inicial. Mas, no decorrer do tempo, ele acaba fracassando, porque carece do apoio da sua base de poder.

Líderes de sucesso permanecem em contato com as pessoas, possuem um sentimento profundo do que seus subordinados precisam e desejam. Eles usufruem uma correlação de alegria e dinamismo entre o limite superior e o inferior da sociedade.

O Corpo Inferior

Geralmente retratamos a mente como sendo "superior" ao corpo. Temos tendência para respeitar a mente e menosprezar o corpo. O alto é superior e o baixo, inferior. Pelo menos é assim que a mente consciente exterior percebe as coisas. Mas, se a mente inconsciente interior pudesse falar, ela diria o oposto. Ela se queixaria da impaciente e arrogante mente consciente que está "lá em cima".

"Não existe nada bom ou mau; o pensamento é que faz essa distinção", disse Shakespeare.[1] O fato de gostarmos ou não de algo depende do nosso ponto de vista. A mente interior, por exemplo, prefere os lugares baixos e protegidos onde ela pode cumprir suas funções biológicas com conforto e sem ser perturbada. A mente exterior, por outro lado, prefere os lugares altos e expostos, de onde ela pode contemplar e controlar o ambiente.

Tao logo nos tornamos conscientes de como o nosso pensamento é parcial, podemos apreciar o corpo pelo que ele realmente é. Compreendemos que o Dan-Tien tem uma boa razão para estar abaixo da cintura. Também entendemos que a mente só é "boa" quando está em harmonia com o corpo, e que ela é "má" quando não está.

As pessoas que veneram o superior à custa do inferior tendem a ser nervosas e arrogantes durante grande parte do tempo. Elas se sentem pouco à vontade com o sexo, com as mulheres e com as crianças. Elas menosprezam a vida na Terra e reverenciam a vida no céu. É bem provável que elas prefiram os valores masculinos aos femininos e visualizem a força cósmica vital como uma entidade

1. William Shakespeare, *Hamlet,* 1. 259.

masculina. Os antigos chineses tinham um conceito mais equilibrado. Eles acreditavam que a força vital Chi é formada pelos elementos masculino e feminino, Yang e Yin. É por isso que eles estavam em contato com seus sentimentos e conscientes do Dan-Tien, como veremos no próximo capítulo.

Capítulo 8

Yin e Yang, Feminino e Masculino

O Equilíbrio Yin/Yang

Há milhares de anos os chineses acreditam que só podem ser felizes, saudáveis e bem-sucedidos se entrarem em harmonia com a energia vital, o Chi, através do Dan-Tien. O Chi, por sua vez, é composto de Yin e Yang, os elementos feminino e masculino. A polaridade Yin/Yang não só rege a relação entre os sexos como também o equilíbrio entre outras unidades polarizadas, como a mente e o corpo, a mente consciente e a mente inconsciente, o espírito e a matéria, o céu e a terra, a direita e a esquerda, o em cima e o embaixo, o ideal e a realidade.

Os dois pólos têm igual valor; eles precisam um do outro e se complementam. Mas ambos se tornam destrutivos e malévolos quando o equilíbrio sutil existente entre eles é perturbado. Nossa meta, portanto, não é favorecer um ou outro pólo por parecer "melhor", e, sim, defender um equilíbrio que acentuará ambos os pólos.

É aqui que o pensamento do Extremo Oriente costuma diferir dos conceitos ocidentais. Com sua antiga cultura, os chineses pare-

Figura 14. A polaridade Yin/Yang determina a relação entre os sexos.

cem ter desenvolvido um senso de equilíbrio e de humor que não existe na maioria de nós. O simples fato de não termos um equivalente ocidental para o conceito Yin/Yang demonstra uma falha na nossa cultura. Somos ainda amadores na arte de encontrar um equilíbrio saudável entre homem e mulher, pensamentos e sentimentos, mente e corpo, lógica e intuição, pai e mãe, céu e terra, espírito e matéria, tensão e relaxamento, etc.

Até recentemente, poucos pensadores ocidentais parecem ter notado essa lacuna, mas um número cada vez maior deles se tornou consciente dela nas últimas décadas. Ralph Waldo Emerson foi um dos primeiros a lidar com o assunto. Em seus *Essays* ele falou da polaridade que podemos perceber em toda parte na natureza, no espírito e na matéria, no homem e na mulher, no subjetivo e no objetivo, dentro e fora, em cima e embaixo, sim e não, etc.

Emerson partilhava a crença do Extremo Oriente de que os dois pólos se complementam e de que são igualmente importantes. Por outro lado, quase todas as filosofias e escrituras ocidentais glorificam um dos pólos e desprezam ou rejeitam o outro. Elas acham, por exemplo, que a mente é melhor do que o corpo, que os pensamentos são melhores do que os sentimentos, o céu é melhor do que a terra, que o "Pai Celestial" é melhor do que a "Mãe Terra". Nossa cultura venera os valores masculinos e rebaixa muitos dos valores femininos.

Esta é a principal razão pela qual, no Ocidente, tantas mulheres rejeitam o papel feminino: elas sentem que as qualidades femininas são consideradas inferiores na nossa cultura voltada para os aspectos Yang. No entanto, como fazem parte dessa sociedade, tentam adquirir qualidades masculinas, tentam ser "tão boas quantos os homens, ou melhores". Em vez de sentirem orgulho da sua feminilidade, elas a reprimem ainda mais. Embora a cultura chinesa não esteja livre da superioridade sexual, ela está mais voltada para os aspectos Yin como um todo.

O conceito Yin/Yang pode nos ajudar a alcançar um equilíbrio mais saudável entre os sexos e ter uma atitude mais sadia com relação ao corpo e aos sentimentos. Nossos sentimentos sutis, em função da sua natureza, são mais "femininos" do que "masculinos". Tanto os homens quanto as mulheres precisam cultivar qualidades Yin e Yang para serem verdadeiros seres humanos. A maneira mais simples de fazer isso é viver em harmonia com o Dan-Tien. Tudo se encaixa quando adquirimos o hábito de dar atenção às mensagens do nosso centro.

A Harmonia entre os Homens e as Mulheres

A discórdia se alastrava por um reino da antiga China e o rei estava desesperado. Seu povo perdera a confiança nele, os funcionários do governo eram corruptos e o crime se alastrava por toda parte. Finalmente, ele consultou um velho sábio que vivia nas montanhas, e recebeu o seguinte conselho:

"Para pôr em ordem seu império, você precisa primeiro criar a ordem nas províncias. Para ter um bom governo nas províncias, você precisa garantir a harmonia nas cidades e nas aldeias. Os habitantes das cidades e das aldeias só podem ser bons se suas famílias viverem em harmonia. A ordem na família só é possível se existir harmonia entre o homem e a mulher. Os homens e as mulheres só podem compreender uns aos outros se conhecerem o Yin e o Yang.

"O símbolo Yin/Yang (figura 15) mostra os dois elementos que se compreendem mutuamente num movimento harmonioso e contínuo. Ele mostra a dualidade e a polaridade num círculo unificador. Além disso, cada pólo contém a semente do outro e partilha com o outro certas qualidades. É por isso que eles podem compreender um ao outro e se

Figura 15. O Símbolo Yin/Yang.

complementar. Todo o império repousa no amor e no entendimento entre o homem e a mulher. Essa harmonia não pode ser criada por decretos, leis, forças policiais nem exércitos. Ela só pode ser inspirada por um rei que viva em sintonia com o cosmos através do Dan-Tien e conheça o segredo do Yin e do Yang."

O significado fundamental da polaridade Yin/Yang geralmente é descrito como sombrio/radiante, tolerante/firme, doce/salgado, etc. O Yang geralmente é representado como um dragão alado que vaga pelos céus e dá início às coisas. O Yin é amiúde representado por uma égua graciosa, fértil, capaz de gerar e manter a vida. Quando o Yin exibe seus aspectos indesejáveis, ele se torna informe, passivo, desordenado, sombrio, negativo, ranzinza, histérico e mesquinho. Ele pode deixar escapar a perspectiva mais ampla e perder tempo com detalhes e rotinas insignificantes.

Quando o Yang revela seus aspectos indesejáveis, ele se torna rígido, arrogante, agressivo, fanático, impaciente, instável, cruel, improdutivo e solitário. Ele pode perder o contato com a realidade e com a terra; ele pode desperdiçar energia em projetos fanáticos e ideais grandiosos.

Essas qualidades indesejáveis geralmente emergem ao mesmo tempo no Yin e no Yang quando o equilíbrio entre eles é perturbado. Por exemplo, o Yin tenderá a se tornar desordenado e negativo tão logo o Yang se torne inflexível e arrogante. Ou então o Yang se torna impaciente quando o Yin se mostra passivo demais.

Quando as pessoas ficam confusas com relação ao seu equilíbrio Yin/Yang, elas também ficam confusas nos seus relacionamentos com o sexo oposto e com o seu próprio sexo. Elas se sentem inseguras no espectro que se situa entre a amizade e a sexualidade. Isso acontece invariavelmente quando as pessoas perdem o contato com o centro. Mas a perturbação desaparece como que por mágica quando elas voltam a prestar atenção às mensagens do Dan-Tien.

Tanto o Yin quanto o Yang possuem seus pontos fortes e fracos, e é por isso que precisam um do outro e se complementam. Em algumas traduções dos textos chineses, o Yang é descrito como "criativo" e o Yin como "receptivo", sugerindo que o macho é a fonte da vida que usa a fêmea como um instrumento passivo. Essa idéia corresponde, é claro, à imagem ocidental do deus masculino que cria o universo sem a ajuda do elemento feminino. No entanto, a língua chinesa não tem uma palavra para "Deus". Ela só fala do Chi, o Absoluto, que se manifesta como Yin e Yang. A palavra chinesa que mais se aproxima do nosso conceito de Deus é Yang, a metade masculina da criação.

Os ocidentais, na verdade, estão adorando metade da criação e desconsiderando ou reprimindo a outra metade. Essa perspectiva unidirecional nos proporcionou muito sucesso na área científica, tecnológica e bélica. No entanto, ela também é responsável pela maioria das nossas frustrações e neuroses, pelo nosso estilo de vida artificial e pela diminuição da nossa vitalidade. O ocidental típico se preocupa de tal maneira com o sucesso exterior, que não lhe resta tempo para prestar atenção às sutis mensagens cósmicas no Dan-Tien.

Diferenças Entre os Homens e as Mulheres

As mulheres são criaturas Yin com um toque de Yang. Os homens são criaturas Yang com um toque de Yin. Ninguém é 100% masculino nem 100% feminino, e ninguém se sente à vontade em papéis sexuais restritos. Só podemos nos sentir bem como homens ou mulheres quando somos fiéis à nossa verdadeira natureza.

Entretanto, toda criança sabe que os homens são diferentes das mulheres. A principal diferença é claramente biológica. A mulher pode gerar filhos. Ela carrega a criança durante os meses da gravidez e amamenta, alimenta e cuida dela ainda durante vários anos. Durante esse período, ela é bastante vulnerável e dependente com relação à segurança e ao suprimento de comida que normalmente é fornecido pelo homem. Quando a mulher cria o filho sem ter um marido, ela precisa da ajuda de parentes, amigos ou instituições.

As pessoas que insistem que não existe realmente nenhuma diferença entre os dois talvez estejam certas no que diz respeito à sua personalidade, mas não estão falando em nome da maioria. Quase todas as pessoas percebem as seguintes diferenças:

- As meninas amadurecem mais cedo e sentem-se atraídas pelos rapazes mais cedo.
- Os meninos atingem mais tarde a puberdade e se interessam pelo sexo mais tarde.
- As mulheres tendem a ser mais eficientes e "poupadoras de energia" no seu comportamento, e mais graciosas em seus movimentos. Elas gostam de enfatizar vitalidade e vivacidade na sua aparência (pele saudável, cabelo sedoso, corpo bem feito, personalidade dinâmica).
- Os homens tendem a empregar mais energia em suas atividades e nos movimentos do corpo. Sua aparência e suas roupas tendem a ser mais práticas e funcionais.
- As mulheres tendem a pensar de baixo para cima; primeiro elas sentem e depois pensam a respeito do assunto.
- Os homens tendem a pensar de cima para baixo; primeiro pensam e, depois, se envolvem emocionalmente.
- As mulheres gostam de se comunicar continuamente. Elas falam enquanto pensam, com espontaneidade e sem esforço, conversando às vezes sobre assuntos triviais.
- Os homens apreciam os períodos de silêncio, depois dos quais eles dizem alguma coisa "lógica" ou radical. Eles precisam de tempo para pensar.
- As mulheres tendem a se dedicar a alguém que apreciam ou amam, mesmo nos negócios ou na política, e aceitar as idéias dessa pessoa. Elas são mais subjetivas.

- Os homens tendem a trabalhar para uma causa, idéia ou organização em vez de para uma pessoa. Eles são mais objetivos.
- As mulheres tendem a progredir mais relaxadamente, com mais firmeza e eficiência, e sentem menos necessidade de ter um período de descanso completo.
- Os homens tendem a fazer esforços gigantescos, avançam em direção a grande metas, gastam muita energia e depois precisam descansar.
- As mulheres estão mais envolvidas numa rede de relacionamentos; elas geralmente escrevem mais cartões no Natal e quando saem de férias.
- Os homens tendem a considerar os relacionamentos como uma coisa garantida e se esquecem das pequenas atenções, aniversários e presentes.
- As mulheres tendem a se expressar com mais cautela, de uma maneira mais ambígua e agradável. Elas olham diretamente as pessoas e tentam ler os seus pensamentos.
- Os homens tendem a usar palavras mais fortes e decididas, mesmo que isso possa ofender os outros. Seus olhos se voltam para um ponto distante enquanto eles explicam "a verdade".
- As mulheres lêem mais rápido e se lembram mais do que lêem. Seu intelecto filtra menos os dados, é mais aberto e menos determinado.
- Os homens lêem mais lentamente, filtram e reexaminam cada frase, e só se lembram do que acham importante.
- O cérebro das mulheres é menor e mais refinado, e os dois hemisférios cerebrais estão mais estreitamente relacionados. Isso lhes permite pensar "com sentimento" e perceber a ligação entre idéias aparentemente separadas.

- O cérebro dos homens é maior e mais grosseiro, e seus sentimentos estão mais separados dos pensamentos. Isso possibilita que eles persigam suas metas de uma forma mais unidirecional ou fanática.

Os homens e as mulheres negligenciam essas diferenças a seu próprio risco. Se eles competem com o sexo oposto e tentam invadir o território um do outro, poderão desperdiçar muito tempo e realizar pouco. Trocar de papéis de vez em quando pode ser divertido, mas perder totalmente a identidade sexual e aspirar ao ideal unissexual não é uma solução para a maioria das pessoas.

A confusão sexual só surge quando as pessoas perdem o contato com o seu centro. Mas quando a energia Chi está centrada no Dan-Tien, as pessoas se sentem bem com relação ao próprio sexo e ao sexo oposto.

Figura 16. Ao anotar tudo, quero esclarecer as minhas idéias.

Capítulo 9

Mais Anotações de um Discípulo Dan-Tien

Estou escrevendo este livro em parte porque quero poder usar com mais perfeição o incrível conceito Dan-Tien. Ao anotar tudo, quero explicar as minhas idéias e depois partilhá-las com outras pessoas. A seguir, apresento mais anotações do meu diário:

18 de outubro

Antes de eu descobrir o Dan-Tien, parte do meu dia era consumido por dúvidas em geral, incertezas com relação a mim mesmo, lamentações ou ressentimentos. Enquanto eu andava pela rua, por exemplo, eu me perguntava se morava no lugar certo ou se estava ligado às pessoas adequadas. Eu me arrependia de ter tomado uma decisão errada um ano antes ou sentia inveja de alguém que tinha algo que eu não tinha. Punha a culpa dos meus problemas atuais em alguma experiência da infância ou em problemas hereditários. Eu amaldiçoava meus pais, meus professores, meus chefes ou outras figuras de autoridade quando as coisas saíam erradas na minha vida.

Hoje eu sei que não compensa eu me sentir infeliz com esses pensamentos. Em vez disso, concentro-me em pensamentos que me fazem sentir bem porque melhoram a minha vida aqui e agora. Então, realizo coisas que me fazem sentir bem no Dan-Tien. Ainda penso no passado de vez em quando e compreendo que a minha vida é influenciada por todos os tipos de fatores, mas não me permito ser torturado por pensamentos que não levam a lugar nenhum. Tão logo sentimentos desagradáveis surgem no meu Dan-Tien, eu me animo e volto ao caminho feliz, onde estou em sintonia com a energia vital universal. Tão logo eu sinto que estou em harmonia com a inteligência infinita, todos os detalhes da minha vida se encaixam em seus devidos lugares e sei instintivamente o que fazer a seguir.

19 de outubro

Gosto de viver em sintonia com a "energia vital universal". Esse termo é mais abrangente do que o conceito ocidental do Deus Pai todo-poderoso. Ao chamar a força vital de pai, excluímos a força materna vital e degradamos os valores femininos. A idéia de que só os homens são criados à imagem de Deus desvirtua a estrutura da sociedade. Isso certamente faz com que as mulheres fiquem ressentidas e os homens, satisfeitos.

A mentalidade machista dos ocidentais também menospreza as funções sexuais e corporais, e o Dan-Tien em particular. A dor no centro do corpo é desconsiderada e o sofrimento é tolerado como sendo normal. Na maioria das igrejas, a atmosfera sombria serve como um constante lembrete de que o sofrimento é uma virtude cristã. No Islã, costuma-se dizer o seguinte: "O sofrimento é a minha maior alegria." Muitos budistas acreditam que vida significa sofrimento.

O taoísmo, por outro lado, possui muitos aspectos de uma religião materna. A Mãe Natureza não tortura seus filhos. Ela os guia ternamente, enviando-lhes sinais através do Dan-Tien. O pecado original no taoísmo não é o sexo, como no cristianismo, e, sim, o hábito de desconsiderar os sinais da natureza, o que é a origem de toda a infelicidade, da doença e do fracasso.

20 de outubro

Quando expliquei tudo isso ontem, pela primeira vez, a uma amiga, ela me perguntou se eu não tinha nenhuma ambição nem consciência social, se eu queria vegetar no meu pequeno mundo de contemplação umbilical. Pelo contrário, retruquei. Estou mais consciente do que nunca dos sentimentos e necessidades das outras pessoas, simplesmente porque me conheço melhor agora. Minha vida se tornou mais expressiva e dinâmica desde que descobri o Dan-Tien. Acima de tudo, aprendi a desfrutar cada minuto. Minha vida agora tem significado, faz sentido e tenho acesso à energia vital.

Minha amiga olhou para mim incrédula. Ela fora infeliz durante anos, disse ela, apesar de ter uma família maravilhosa, uma casa confortável e bastante dinheiro. Todas as semanas ela visitava um psiquiatra que agora, após anos de análise, estava lhe receitando tranqüilizantes.

Comentei, então, que as substâncias químicas não podem resolver problemas, que elas só conseguem dissimular os sintomas e deixar que o paciente dê seguimento ao seu padrão artificial de pensamento e de vida. O próprio Freud fora um fumante inveterado, viciado em cocaína e machista chauvinista. Embora ele tenha tido algumas valiosas percepções intuitivas no decorrer dos anos, não conseguiu nem mesmo resolver seus problemas pessoais.

Minha amiga discordou de mim com veemência. Minhas respostas eram simples demais, disse ela. Há alguns anos eu teria sido da mesma opinião que ela. Até mesmo agora, dificilmente consigo acreditar que a vida possa ser tão simples, gratificante e agradável.

21 de outubro

Ontem à noite, fui a pé da estação de trem até a minha casa. Foi uma caminhada agradável, e no caminho fui pensando no jantar especial que iria apreciar. Senti um ritmo e um equilíbrio agradáveis nos meus movimentos enquanto andava... Mas, de repente, percebi uma mudança. Meu corpo ficou tenso e deixei de sentir o ritmo agradável. Senti-me incomodado.

O que acontecera? Não havia mudado nada ao meu redor. No entanto, uma emoção negativa havia se insinuado dentro de mim e perturbado o meu equilíbrio. Eu me lembrara de que um vizinho pedira emprestada minha caixa de ferramentas, prometendo devolvê-la no dia seguinte. Uma semana já se passara e ele não tinha dado notícias.

Senti ressentimento. Esse homem não merecia a minha ajuda! Ele não havia cumprido a sua promessa! Eu desprezava pessoas irresponsáveis como ele! Eu tinha bons motivos para estar zangado!

Esses foram os pensamentos e sentimentos que dominaram completamente minha mente e meu corpo durante um minuto. Depois, porém, percebi o que estava acontecendo. Compreendi que, na verdade, a raiva não era causada pelo meu vizinho e, sim, pela minha reação exagerada a um acontecimento inofensivo. Eu permitira que a minha mente se descontrolasse, e perdera o contato com o meu Dan-Tien. O vizinho não tentara me irritar. Provavelmente, ele só se esquecera de devolver a caixa de ferramentas.

O sinal no meu Dan-Tien havia me dito que procurasse descobrir o que havia acontecido e recuperasse a caixa. Ele não havia me dito para ficar zangado e me torturar.

Tão logo tomei consciência desse fato, meu corpo relaxou, desfrutei o resto da caminhada e a minha mente voltou-se novamente para pensamentos agradáveis e úteis. Senti-me à vontade no meu corpo e o mundo me pareceu belo novamente.

Em vez de me enfurecer e odiar o vizinho, acabei com as emoções negativas e com a tensão física em menos de um minuto, simplesmente seguindo a orientação do meu Dan-Tien. Embora as circunstâncias não tivessem mudado, o "problema" desaparecera e eu me senti bem.

22 de outubro

Penso com freqüência em Lao-Tsé, o filósofo chinês que viveu há 2.500 anos. Ele disse no *Tao Te Ching* que, "fora do Caminho, tudo está errado". Sempre que perdemos o contato com o Dan-Tien, tudo o que pensamos e fazemos está errado. Um sinal seguro do pensamento errado é a idéia de que a vida não é suficientemente boa ou de que não somos bons o bastante. Essa é a idéia que está por trás de todo mau humor, depressão, desgraça e infelicidade.

Tão logo encontramos o caminho de volta ao Dan-Tien, essas idéias e emoções desaparecem como que por mágica. De repente, o mundo parece bom de novo e as dúvidas com relação a nós mesmos desaparecem.

Lao-Tsé, num de seus versos, exemplifica a importância do centro de todas as coisas:

> As rodas são feitas de trinta raios,
> mas sua essência invariável repousa no eixo.
> As tigelas são feitas de barro,
> mas sua utilidade repousa no centro vazio.[1]

Na mente/corpo humano, a "essência invisível" é o Dan-Tien. A superfície contém a pele, os cinco sentidos, os membros e a mente consciente. É verdade: todo o nosso pensamento é mais ou menos superficial, ele só arranha a superfície. Até mesmo nossos pensamentos mais profundos só podem tatear em vão a "essência invisível".

---

1. Lao-Tsé, *Tao Te Ching*. A tradução para o inglês é do autor deste livro, feita a partir de um texto em alemão.

Nisso está incluído o livro que estou escrevendo. Nenhum livro é capaz de substituir a verdadeira experiência Dan-Tien, que é não-verbal.

23 de outubro

Há pouco fiquei um tanto triste ao pensar na injustiça do sistema jurídico e do mundo em geral. Inúmeras pessoas inocentes são diariamente privadas da vida, da liberdade ou da propriedade, enquanto a maioria dos criminosos nunca é presa ou condenada. Que oportunidade uma pessoa como eu tinha no mundo? Como poderia alguém apreciar a vida numa sociedade tão corrupta? Continuei a achar mais razões para me sentir infeliz.

Lembrei-me então do meu lema: "Quando você se sente angustiado, você perdeu o contato com o Dan-Tien." Imediatamente, notei a minha postura curvada, a minha respiração superficial e o meu comportamento instável. Depois de fazer meu corpo voltar ao normal e de me concentrar no Dan-Tien, eu me senti aliviado. Então, passei em revista os meus pensamentos e decidi deixar de me preocupar com esse tema limitado, que fez com que eu me sentisse angustiado. Por que me preocupar com coisas que não posso mudar? Por que não pensar em algo útil e agradável? Por que não me concentrar nas alegrias e oportunidades que tenho diante de mim?

Além disso, que direito tinha eu de me colocar como um anjo que nunca fez mal a ninguém?

24 de outubro

Algo acontece com a minha voz quando estou concentrado no Dan-Tien. Ela se torna profunda e suave, e as pessoas se sentem relaxadas quando me ouvem falar. Elas também se mostram mais dispostas a ouvir as minhas idéias, pois sentem que os meus pensamentos estão em harmonia com a vida. Os mestres zen afirmam que são capazes de determinar o progresso de um discípulo através da sua voz. Quando o discípulo está nervoso e confuso, sua voz vem da garganta. Quando ele se acalma, a voz passa a vir do peito. Mas a pessoa realmente centrada fala a partir do centro, da base dos pulmões.

27 de outubro

Ontem senti certo ressentimento ao pensar nos meus pais. Trata-se, é claro, da clássica situação do "trauma de infância" que incomoda tantas pessoas e proporciona um terreno fértil para a psicanálise.

Meu primeiro impulso foi aceitar esse pensamento doloroso como um fato da vida. Todos nos sentimos justificados ao criticar nossos pais de vez em quando, não é verdade? Mas eu me lembrei então do meu lema: "Quando um pensamento faz com que você se sinta mal no seu Dan-Tien, você está envolvido com a perspectiva errada, você perdeu o contato com o Dan-Tien."

Tive aqui outra oportunidade de provar a eficiência do conceito do Dan-Tien. Primeiro, eu me coloquei num estado mental e físico mais centrado, conscientizando-me da minha postura, da minha respiração, da tensão no abdômen, etc. A seguir, pensei de novo nos meus pais, com essa nova disposição "amorosa".

Contemplei então outra imagem. De repente, percebi que os meus pais provavelmente tinham feito o melhor que podiam, que eles também não tinham sido bem compreendidos na infância deles e que tinham os seus próprios problemas.

Simplesmente, ao observar o meu "trauma" de uma maneira diferente, eu havia acabado com ele, eu o havia "queimado" no meu Dan-Tien. Eu neutralizara o sofrimento e estava pronto para desfrutar de novo minha vida atual.

Essa perspectiva difere radicalmente do modo convencional de lidar com experiências que causam sofrimento. A maneira geralmente aceita é não darmos atenção ao problema ou reprimi-lo, ou então analisá-lo e revivê-lo na esperança de que ele desapareça. A perspectiva Dan-Tien é mais eficaz, porque cria primeiro um bom sentimento e depois enfrenta o sofrimento de uma maneira descontraída.

Figura 17. A localização ideal e a forma dos jardins, prédios, janelas e entradas.

Capítulo 10

À Vontade no Mundo

Feng Shui, Shinto e Taoísmo

Ainda hoje os chineses têm um sentimento intuitivo com relação ao relacionamento entre as pessoas e o ambiente. Principalmente em lugares como Hong Kong e Cingapura, eles praticam a antiga arte do feng shui, que não tem equivalente no Ocidente. Um especialista em feng shui é consultado antes que o planejamento de casas, prédios e cidades seja realizado. Ele determina as vibrações e linhas magnéticas, a configuração da Terra com relação à direção do Sol, ao fluxo da água na superfície e em veios subterrâneos. Embora ele use tabelas de cálculo, bússolas e outros instrumentos, ele também recorre à intuição, ao seu Dan-Tien.

O especialista determina portanto a localização e a forma ideal dos jardins, dos caminhos, dos prédios, das janelas, das entradas e até mesmo dos cemitérios. Ele garante que as pessoas viverão ou morrerão em harmonia com a natureza, que elas não insultarão os espíritos da terra e que os seus descendentes farão o mesmo. A maioria dos grandes estabelecimentos comerciais não aluga ou constrói escritórios e fábricas sem antes consultar um especialista em feng shui, que freqüentemente cobram elevados honorários.

Os japoneses também cultivam um contato mais íntimo com a natureza. Sua tradicional religião shinto é basicamente uma forma alegre e espontânea de adoração. Foi somente nos últimos cem anos que ela recebeu uma conotação militarista. Nas antigas lendas japonesas, a terra e o mar, as montanhas e as florestas, e a natureza de um modo geral nascem da união sagrada entre os espíritos masculino e feminino, Izanagi e Izanami. A estrutura religiosa mais importante no Japão é o templo situado em Ise, dedicado à deusa Amaterasu. Dizem que o imperador japonês é descendente dela. Essa crença inocente na natureza explica em parte a incrível vitalidade e capacidade de recuperação do povo japonês.

Por trás do conceito oriental da natureza encontra-se a filosofia chinesa do taoísmo e o conceito do Yin/Yang. Esse conceito percebe o masculino e o feminino, a mente e o corpo, a cultura e a natureza como pólos complementares em uma harmonia cósmica. Os pólos se equilibram e estimulam mutuamente; eles são as duas faces de uma moeda. Nós, no Ocidente, temos a tendência de acreditar que um dos pólos é "melhor" e precisa dominar o outro. Em vez de nos aconselharem a permanecer em harmonia com a natureza, nossas escrituras recomendam que a dominemos e exploremos. Aprendemos a contemplar a natureza como um recurso, uma ameaça ou um material bruto que precisa ser refinado e civilizado.

A essência da harmonia taoísta com a natureza está condensada no clássico *Tao Te Ching* [O Caminho de Vida Correto]. O filósofo Lao-Tsé o escreveu há 2.500 anos, em apenas oitenta páginas. Segundo o livro, a "mãe eterna" é a raiz e a origem de tudo. Sua misteriosa influência é invisível e inominável.

Lao-Tsé descreve o "caminho correto da natureza" (o Tao), indicando que a vida é uma jornada, não uma formação estática. O Tao parece vazio quando contemplado a partir do exterior, mas está repleto de uma energia inexaurível. Ele ordena e desenvolve, equilibra e cura a si mesmo, está em eterna mutação de acordo com leis eternas. Ele é a base de todas as coisas no céu e na Terra, e transforma o mundo ininterruptamente e sem esforço. Sua força maternal influencia de maneira sutil e invisível o curso dos acontecimentos, sem parecer dominar.

Estar em harmonia com essa força deve ser nossa meta, segundo a sabedoria popular chinesa. Nada é mais importante do que o nosso contato com a natureza. Se transgredimos as leis da natureza, ferimos a nós mesmos e criamos confusão, doença e caos. No entanto, vivendo em sintonia com a natureza, temos garantidas a saúde, a abundância e uma vida longa.

Alguns Lugares nos Parecem Agradáveis

É mais fácil nos sentirmos bem em alguns lugares do que em outros. Em alguns bairros ou casas, por exemplo, nós nos sentimos imediatamente à vontade, ao passo que em outros nos sentimos como estranhos mesmo depois de morar neles durante muito tempo. Analogamente, podemos nos sentir atraídos por determinadas paisagens e por outras não. Podemos nos tornar mais conscientes das vibrações de cada lugar prestando atenção aos sinais do Dan-Tien. Embora em certas ocasiões possamos ter que enfrentar ambientes desagradáveis, feios ou hostis, é melhor evitar esses lugares, caso possamos escolher.

Quase todos vivemos em casas ou apartamentos inadequados. Depois de algum tempo, deixamos de sonhar com a casa ideal e nos ajustamos à realidade. Ficamos onde estamos e procuramos melhorar a situação o máximo possível.

Mas estamos realmente aproveitando a nossa casa da melhor maneira? Já tentamos tudo e esgotamos todas as possibilidades? Conseguimos criar um "ninho" confortável para nós? Ou estamos apenas acampados, esperando que algo melhor apareça um dia?

Freqüentemente, um lugar pode ser melhorado através de mudanças simples, porém criativas. O que nos impede de realizar essas mudanças é mais a falta de imaginação e intuição do que seu custo ou a falta de talento para cuidar da decoração. Nosso Dan-Tien pode nos ensinar a transformar nossa casa num lar, desde que sigamos suas indicações sutis. Eis uma lista de idéias capazes de estimular a imaginação:

- Acrescente um toque de beleza natural com plantas próprias para o interior da casa ou ramos de flores desidratadas. Ponha umas no chão e pendure outras no teto.
- Teste diferentes tipos e cores de iluminação. A luz, por si só, pode tornar um aposento frio ou acolhedor.
- Faça você mesmo seus abajures com cestas, papel de arroz ou tecido transparente.
- Tire a iluminação direta do teto, bem como as lâmpadas de neón. A luz vinda de cima geralmente cria uma atmosfera fria e confere às pessoas uma aparência enrugada e feia.
- Crie áreas "masculinas" e "femininas", se o espaço permitir.
- Esconda as ferramentas e aparelhos elétricos atrás de cortinas atraentes quando eles não estiverem em uso.
- Compre reproduções de quadros ou pôsteres que sejam do seu agrado. Uma boa cópia em uma bela moldura é capaz de conferir um toque de beleza a uma sala ou quarto.
- O banheiro não precisa parecer frio e sem vida. Cortinas de boxe ou tapetes alegres podem fazer uma grande diferença.
- Você pode pensar na possibilidade de deixar os sapatos perto da porta de entrada e usar chinelos macios dentro de casa. Isso não só é mais higiênico, como também cria uma atmosfera "caseira".
- A maioria das roupas usadas na rua não é confortável nem natural, e talvez você prefira usar em casa roupões largos e coloridos, por exemplo.

- Você pode tornar um jardim mais interessante, acrescentando uma colina, um pequeno lago ou um canto para ervas culinárias.
- Cortinas coloridas nas janelas podem dar vida a uma sala sombria.
- Em vez de pendurar na parede um quadro de natureza morta, coloque na mesa uma cesta grande com frutas variadas e coloridas.
- Use divisões móveis para mudar a atmosfera de um aposento segundo as suas necessidades.
- Tenha em mente que as formas arredondadas e naturais, bem como as cores terrosas, tornam o lugar aconchegante, enquanto as formas retas e as cores fortes têm o efeito oposto.
- Embora a roupa de cama de linho branco seja aceitável, talvez você goste de dormir sobre lençóis coloridos de vez em quando.
- Reserve uma prateleira ou uma parede para colocar uma coleção de objetos prediletos.
- Se você estiver para construir a sua casa, use a imaginação. Não crie uma obra-prima de engenharia e, sim, um ninho bonito e confortável que combine com o ambiente natural.

À Vontade na Natureza

É mais fácil nos sentirmos bem no Dan-Tien quando estamos cercados pela beleza natural. Nossos ancestrais pagãos apreciavam e adoravam a natureza. Freqüentemente celebravam a sua beleza ao ar livre, perto das árvores, fontes, lagos sagrados, riachos, grutas, colinas ou no alto das montanhas. Eles viviam em harmonia com a natureza e a tratavam com carinho.

Hoje em dia, no entanto, as pessoas só pensam em destruir o ambiente natural, em poluir rios e oceanos, em deixar vastas áreas florestais morrerem por causa da poluição do ar, em acabar com a maioria das florestas tropicais e em espalhar pelo planeta a mortífera precipitação radioativa.

A mente ocidental perdeu o contato com a sua origem. Ela encara a natureza como um desafio, uma inconveniência ou um recurso que precisa ser explorado. Muitas das nossas edificações religiosas refletem essa mentalidade – parecem fortalezas que se defendem da natureza. Plantas e outros seres vivos não são permitidos dentro delas e não existem janelas que permitam ver o exterior, a natureza. Com freqüência, as cerimônias religiosas são realizadas do lado de dentro, num ambiente criado pelo homem "civilizado", numa atmosfera "espiritual" separada da natureza.

Os templos chineses e japoneses, por outro lado, fundem-se com a natureza. Eles geralmente são rodeados por lindos jardins, com bosquezinhos de bambu, pequenos lagos com peixes, canteiros de flores, etc. Até mesmo o interior dos templos têm a aparência de jardins, com grandes janelas que permitem a visão da bela natureza exterior. Esses templos foram construídos por pessoas que viviam em sintonia com o Dan-Tien, e qualquer pessoa que entre neles sente um bem-estar interior.

A mesma mentalidade está refletida nas artes japonesa e chinesa. Os grandes artistas chineses possuíam um sentimento instintivo para todos os fenômenos naturais. Suas obras geralmente refletem as mudanças cíclicas do tempo, das estações e dos estágios de crescimento. Elas retratam aspectos da força cósmica vital Chi e o sutil equilíbrio Yin/Yang na natureza. Segundo um clássico manual de instruções para pintores, o artista precisa primeiro aprender a se tornar imóvel em seu centro (Dan-Tien), com o objetivo de alcançar um maior entendimento e se tornar mais sábio.

Comunidades Habitáveis

Nossas cidades modernas são obras-primas de engenharia. Mas quase todas são desprovidas de encanto, de beleza e de calor natural, e as pessoas, na verdade, não se sentem à vontade nelas. Nosso ambiente urbano e suburbano é reto, retangular, eficiente e movimentado. Ele também é feio, barulhento e poluído. Não foi projetado por pessoas que viviam em harmonia com o Dan-Tien. As pessoas que têm de morar nele podem se acostumar a essas condições, mas não se sentirão realmente como seres humanos.

Mas será possível criar comunidades habitáveis na era das máquinas? Alguns arquitetos da Califórnia acharam uma resposta que chamaram de "Área de Pedestres".[1] Com efeito, eles reinventaram a pequena cidade de antigamente, acrescentando um toque moderno. Em vez de planejar cidades internas separadas, áreas industriais e comunidades-dormitório, como era o hábito até agora, eles projetaram comunidades integradas, onde todas as necessidades cotidianas encontram-se a uma distância que pode ser percorrida a pé. Uma rede de ruas de pedestres liga as casas às escolas e às lojas, para que as crianças e as pessoas idosas possam andar em segurança até o seu destino.

Várias dessas áreas de pedestres estão interligadas através de um sistema ferroviário de bitola estreita, e foram construídas ciclovias perto das ferrovias. Embora as pessoas continuem a ter o direito de possuir e usar automóveis, será mais conveniente para elas andar a pé ou viajar de trem. O sistema ferroviário é preferível ao rodoviário porque possibilita uma maior capacidade nos horários de maior movimento.

Os escritórios e a indústria leve estão situados próximo às estações de trem, alguns perto do centro da comunidade, para que as pessoas que trabalham possam fazer compras, almoçar em restaurantes ou relaxar no parque na hora do almoço. Cada comunidade é cercada pela natureza e por áreas agrícolas. A poluição do ar e o congestionamento do tráfego já não representam um problema. As pessoas são mais saudáveis, pois elas se exercitam mais ao caminhar

---

1. Peter Calthorpe, "Pedestrian Pockets", *Whole Earth Review* (Primavera de 1988).

respirando o ar puro. As crianças não precisam mais dos ônibus escolares e as pessoas idosas não precisam mais ficar em casa com medo de serem atropeladas nas ruas movimentadas. Todos os parques e áreas de recreação são de fácil acesso e unificam a vizinhança, criando um sentimento comunitário ausente do sistema suburbano habitual.

O Dan-Tien e a Televisão

As pessoas gostam de assistir à televisão? Que pergunta! Claro que sim! Que outro motivo as levaria a passar horas diante do aparelho de televisão?

Pelo menos é nisso que as pessoas acreditam, até aprenderem a prestar atenção ao Dan-Tien. Elas têm então a maior surpresa da vida. Descobrem que, na verdade, não se sentem bem enquanto assistem à maior parte dos programas. Mas, a não ser que escolham com muito cuidado a programação, elas de fato não irão apreciar o que vêem.

Isso é muito esquisito! As pessoas perdem inúmeras horas do seu precioso tempo, erroneamente acreditando que a televisão lhes proporciona divertimento. Milhões de pessoas até se tornam viciadas em algo que na verdade diminui seu bem-estar.

Se elas simplesmente ligarem o aparelho e assistirem ao que estiver no ar naquele momento, a chance que têm de encontrar um programa que realmente as faça "se sentirem bem" é de fato muito escassa. Mas elas geralmente continuam a assistir ao programa por não terem nada melhor para fazer. No fundo, contudo, sabem que estão desperdiçando tempo e que o programa fará com que se sintam pior, em vez de melhor.

Ocorre também que a televisão tende a acentuar os fatos sensacionais, perturbadores e anormais. A tela mostra a pessoa que matou alguém, por exemplo, e não dá atenção às milhares de outras que vivem uma vida agradável e normal. Depois de assistir o dia inteiro a essas cenas, o telespectador fica com a impressão de que todos os seres humanos são meio malucos.

Além disso, os anúncios que são exibidos no intervalo dos programas também são elaborados para fazer com que as pessoas se sintam insatisfeitas. Qualquer um que não tenha o produto ou não faça uso do serviço anunciado é retratado como ignorante ou inferior. As "mensagens do nosso patrocinador", com poucas exceções, são por natureza unilaterais, enganadoras e mentirosas. É claro que existem alguns programas de televisão excelentes, mas o problema é encontrá-los! Alguns são realmente informativos e agradáveis e não iríamos querer perdê-los por nada neste mundo, mas o problema com a televisão é que geralmente acabamos assistindo aos programas errados. Com muitas freqüência, nós nos enchemos de imagens e informações que na verdade não nos dizem respeito e que meramente perturbam a nossa paz de espírito.

Como a Música nos Afeta

É claro que gostamos de música – todo mundo gosta! A música pode ser animada, estimulante, inspiradora ou relaxante. Mas ela também pode nos deixar nervosos e diminuir o nosso bem-estar físico e mental.

À medida que nos tornamos mais conscientes do Dan-Tien, apreciamos cada composição musical em função da maneira como ela nos afeta. Nosso gosto se torna mais seletivo e apurado. Percebemos que gostamos de certas melodias porque elas nos fazem sentir bem e não porque estão na moda ou porque outras pessoas gostam delas.

A música de J. S. Bach, por exemplo, é considerada por muitos um modelo de perfeição musical. No entanto, quando a ouvimos e, ao mesmo tempo, damos atenção ao Dan-Tien, podemos perceber nela uma rígida monotonia que poderá ou não ser do nosso agrado.

A música moderna de doze tons é sem dúvida interessante e original, mas ela realmente faz com que nos sintamos bem? Arnold

Schoenberg, compositor de música moderna, ambicionava escrever partituras para filmes de Hollywood. Várias vezes ele foi bem-sucedido, e sua música sempre foi escolhida como fundo para filmes de horror.

A música dos países islâmicos possui um som exótico e fascinante, mas podemos sentir que ela encerra uma qualidade triste, como se fosse executada por almas torturadas. Por falar nisso, a palavra *Islam* significa submissão e, com essa música, há a intenção de chegarmos a um estado de espírito de submissão.

O *rock* pesado é realmente uma expressão da exuberância jovem? Pesquisadores como o dr. John Diamond[2] descobriram que o ritmo do *rock* produz o *stress* e a tensão no corpo porque é antagônico à pulsação natural. Certa mentalidade destrutiva também pode ser percebida na letra das músicas de *rock* bem como na capa dos CDs. Experiências com plantas demonstraram que o *rock* tende a fazer mal a elas ou matá-las, ao passo que elas vicejam com a música folclórica, as valsas vienenses, os Beatles e a música barroca.

Existem também muitos outros tipos de música que nos fazem sentir bem, e às vezes nos sentimos ainda melhor quando desfrutamos o silêncio. Não temos de sofrer indefesos por causa de vibrações desagradáveis ou destrutivas. Nosso Dan-Tien é capaz de nos dizer o que é bom para nós em qualquer momento.

---

2. Ver John Diamond, *Your Body Doesn't Lie* (Nova York: Warner, 1989).

Capítulo 11

Relacionamentos Agradáveis

Em Harmonia com os Outros e com Nós Mesmos

Estar centrado no Dan-Tien significa termos uma atitude delicada diante dos outros e de nós mesmos. Vemos algo meritório em quase todo mundo e procuramos o bem em cada situação. Ao mesmo tempo, nós nos vemos como dignos de sermos apreciados, e estamos em harmonia com a natureza humana em geral. "Amar o próximo" não é um dever nem um preceito moral, mas uma necessidade espontânea. Só as pessoas que desconhecem o seu Dan-Tien tentarão ser amorosas e altruístas a partir de um senso de dever, obrigação moral ou sensação de culpa.

Quando estamos mais conscientes dos nossos sentimentos, também nos tornamos conscientes dos sentimentos das outras pessoas. Quando nos sentimos bem com relação a nós mesmos, quase todos os nossos relacionamentos se tornam agradáveis e sabemos como lidar com os desagradáveis. Quando os outros sentem a nossa harmonia interior através da nossa expressão facial e outras mensagens

Figura 18. Uma atitude delicada diante dos outros e de nós mesmos.

não-verbais, eles tendem a ser receptivos, mesmo antes de dizermos uma única palavra.

As pessoas gostam de ser amadas, apreciadas e aceitas, e têm medo de serem criticadas. Quando as criticamos, elas se fecham, reagem ou fazem o oposto do que queremos que façam. Elas obviamente acham que o que estão fazendo está certo, caso contrário não o fariam. Mesmo os piores criminosos estão geralmente convencidos de que as suas ações são justificadas. Eles têm explicações e racionalizações para tudo o que fazem.

Em vez de dizer às pessoas que estão erradas, geralmente é melhor não dar atenção às suas falhas e falar a respeito de suas qualidades. Em vez de tentarmos ensinar a elas alguma coisa, podemos dar um exemplo construtivo, vivendo em harmonia com o nosso Dan-Tien. Antes que as pessoas possam abandonar os seus hábitos negativos, elas precisam ser convencidas de que uma solução melhor as aguarda.

É claro que tudo isso também diz respeito à maneira como tratamos a nós mesmos. A autocrítica ou o desprezo por nós mesmos é mais nocivo do que favorável. É melhor nos basearmos nos nossos sucessos e nos felicitarmos sempre que dermos um passo à frente.

Relacionamentos Amorosos

O amor é agradável, e amar e ser amado nos faz sentir bem. O homem e a mulher foram feitos um para o outro; eles precisam um do outro e se complementam. Mas, como as suas funções são diferentes, eles encaram a vida de um ponto de vista ligeiramente diferente, o que pode provocar atrito e desentendimento ocasionais.

Os homens são mais Yang e as mulheres, mais Yin, e, quando se apaixonam, sentem a união cósmica. Quando os dois sexos estão em harmonia, eles sentem a harmonia de todos os aspectos da polaridade Yin/Yang: entre os pensamentos e sentimentos, a mente e o corpo, a mente consciente e a inconsciente, o espírito e a matéria, o céu e a Terra, etc.

Quando há confiança entre o homem e a mulher, as divergências ocasionais não prejudicam o relacionamento. Mas, antes que um possa se sentir bem com relação ao outro, eles precisam se sentir bem individualmente a respeito de si mesmos. Se um dos parceiros secretamente despreza a si mesmo, ele tentará abalar a autoconfiança do outro através de reclamações ou comentários negativos.

As pessoas que verdadeiramente se amam também amam o corpo um do outro, e se sentem à vontade no próprio corpo. Há atração física a partir do momento em que se conhecem. Tão logo é acesa a primeira centelha de sexualidade, tem início a mútua jornada. Quando os dois parceiros têm consciência da dualidade da criação, eles a podem sentir um no outro, e começam a se unir na mente e no corpo. Nenhum ato específico nesse processo é mais importante do que outro. Dar as mãos, o primeiro beijo, fazer um piquenique no parque ou nadar num lago provocam tanta alegria quanto o próprio ato sexual. Os apaixonados experientes encaram o ato sexual apenas como outro incidente na contínua arte de amar.

A preocupação superficial com o ato sexual é mais preponderante nas sociedades ocidentais, nas quais a meta é considerada mais importante do que a jornada, nas quais o amor se transforma numa corrida desesperada para alcançar o importantíssimo orgasmo. Essa mentalidade gera mais frustração do que alegria, porque significa que as pessoas passam 99,9% da vida fazendo planos, ansiando e esperando pelos poucos minutos de um ato sexual. Elas não aproveitam as flores e a beleza existentes no caminho.

Tudo isso acontece quando as pessoas perdem o contato com os próprios sentimentos e com o Dan-Tien. Ao reencontrar o seu centro, elas podem desfrutar cada minuto e todos os aspectos do relacionamento amoroso numa contínua lua-de-mel.

É Bom nos Sentirmos Amados e Necessários

Quase todos os nossos pensamentos e ações envolvem outras pessoas, embora raramente possamos estar conscientes desse fato. Ingerimos alimentos produzidos por terceiros, vestimos roupas fabricadas por terceiros, moramos em casas construídas por terceiros. Quase tudo o que conhecemos e em que acreditamos foi criado pela mente de outras pessoas, e até mesmo usamos um idioma que nos foi passado por terceiros.

No entanto, a maneira como sentimos esse ambiente social é determinada pelo nosso modo de ser. O ambiente social mais favorável nada poderá fazer por nós se não tivermos harmonia interior, se não vivermos em sintonia com o nosso Dan-Tien. Enquanto não pudermos apreciar a nossa própria companhia, não poderemos realmente usufruir a companhia de outras pessoas. Podemos usar os outros para nos distrair e divertir, mas, no final, todos os relacionamentos nos frustrarão. Assim como usamos os outros, temos a sensação de que eles nos usam.

Entretanto, somos animais sociais e gostamos de ser amados e necessários. O que acontece quando os seres humanos crescem sem o benefício de uma estrutura social? Conhecemos vários casos de bebês que foram abandonados na floresta e criados por animais selvagens. Na Índia, duas irmãs cresceram como membros de uma alcatéia de lobos. Quando foram descobertas por aldeões, tinham cerca de 10 anos de idade. Elas andavam de quatro e se comunicavam uivando como lobos. Só comiam carne crua, cujo cheiro eram capazes de sentir a uma distância de quase cinqüenta metros, e nunca conseguiram se acostumar a ingerir alimentos cozidos. Foram baldados os esforços para ensiná-las a andar normalmente e até mesmo a falar algumas palavras.

Esse e outros exemplos semelhantes mostram como cada ser humano é completamente moldado pelo ambiente social. É difícil imaginar a verdadeira extensão das influências sociais. O ser humano que conhecemos simplesmente não existiria sem elas.

Entretanto, embora a influência social seja forte, existe bastante espaço para a liberdade individual. Não existe, na verdade, nenhuma contradição entre os interesses sociais e os privados. As sociedades saudáveis conseguem criar uma harmonia ou sinergia entre os interesses públicos e privados, para que as aspirações do indivíduo coincidam normalmente com as da comunidade. Nas sociedades menos harmoniosas, as duas partes vêem uma à outra como uma ameaça ou um inimigo. Esse conflito só pode ser resolvido quando as pessoas gradualmente aprendem a viver em sintonia com o Dan-Tien.

A Comunidade Harmoniosa

Ruth Benedict criou a palavra "sinergia" para descrever o estado de harmonia entre os impulsos individuais e os de caráter comum. Em seus estudos antropológicos dos índios americanos e das tribos das Ilhas do Sul, ela descobriu muitos exemplos de boa e má sinergia. Na costa oeste do Canadá, ela deparou com uma tribo que não conhecia a propriedade privada porque tudo era partilhado. Os Zuñis do Novo México consideram falta de educação vencer um evento competitivo. Já outras tribos toleravam a propriedade, mas as pessoas ricas eram desprezadas por guardarem para si mesmas o que possuíam.[1]

Benedict chegou à conclusão de que a sociedade americana moderna não é muito sinergética, e de que a cultura predominante torna as pessoas excessivamente competitivas e gananciosas. Ela recompensa a ganância e o egotismo e degrada as pessoas que gostam de partilhar o que têm e viver de maneira simples. O grande sonho americano é a pessoa tornar-se um milionário, e quase todos os homens americanos se consideram fracassados quando não atingem essa meta. A maneira pela qual o dinheiro é conquistado é quase irrelevante, mesmo que ela seja socialmente destrutiva ou quase criminosa.

1. Ruth Benedict, *Patterns of Culture* (Boston: Houghton Mifflin, 1989).

A Comunidade Ideal de Lao-Tsé

Lao-Tsé, o grande filósofo taoísta, descreveu uma ordem social ideal em sua famosa obra, o *Tao Te Ching*. Ele explicou que essa ordem precisa se fundamentar na ordem natural do universo, que ela precisa estar em harmonia com o Tao, o Caminho da Natureza. O cosmos desenvolve e ordena a si mesmo, e está em eterna mutação. Ele é a origem de todas as coisas no céu e na Terra, e transforma incessantemente o mundo. Suas qualidades maternais influenciam com sutileza e humildade o curso dos acontecimentos, sem parecer dominar.

Estar em harmonia com essa força deveria ser a nossa meta. As pessoas que interferem na ordem natural ferem a si mesmas e criam o caos. Nós nos sentimos fortes através do contato com o Tao, subjugando o ego e acompanhando a corrente da natureza. É bobagem ansiar pelo poder, pelo prestígio ou por bens materiais, porque essas coisas nos deixam à mercê dos outros, diminuem a nossa sensação de liberdade.

As pessoas têm o desejo inato de serem boas e honradas. Essas qualidades se manifestam através de uma vida simples e inocente sob a influência de uma liderança sábia. Os bons governantes influenciam a sociedade de uma forma sutil e invisível dando atenção aos primeiros estágios dos acontecimentos em vez de usar mais tarde a força. Qualquer tentativa de criar a ordem através de leis rígidas, da ação policial ou da guerra só faz aumentar o caos e a frustração. Quando a sociedade entra em harmonia com o Tao, os interesses do indivíduo coincidem com os da sociedade. Só os líderes ineptos formulam programas que entram em conflito com a natureza humana ou dão mau exemplo ao levar uma vida extravagante e cheia de ostentação.

Os líderes deveriam lembrar-se de que vieram do povo, de que devem sua posição ao povo e de que são um produto da sociedade que estão tentando governar. Deveriam ter consciência dessa dependência mútua e prestar atenção nas pessoas comuns. Os grandes problemas geralmente são o resultado de conflitos sutis negligenciados no passado. Os líderes inteligentes e adaptáveis se tornam poderosos porque prestam atenção aos detalhes, enquanto os líderes fortes e agressivos provocam conflitos e acidentes. A riqueza da sociedade deveria ser distribuída com relativa uniformidade, para que as pessoas não tivessem motivos para serem invejosas e para que não se sentissem tentadas a roubar. Lao-Tsé disse no *Tao Te Ching*:

> O Tao é eterno e não pode ser definido.
> Sua natureza é simples e imutável.
> Se os líderes o seguissem,
> as pessoas, por sua vez, os seguiriam alegremente,
> o céu e a terra se uniriam,
> o suave orvalho se derramaria sobre todas as coisas,
> e em todo lugar haveria harmonia.
> Mas quando a mente começa a dividir o mundo,
> é hora de fazê-la parar.
> Saber quando parar significa evitar o perigo.
> Somente seguindo o Tao, os múltiplos riachos podem
> fluir juntos num rio de harmonia.[2]

2. Lao-Tsé, *Tao Te Ching,* D. C. Lau, trad. (Londres: Penguin, 1963), Verso 32.

Capítulo 12

A Resposta Está Mais Perto do que Pensamos

Sentimentos Agradáveis e Desagradáveis

A vida é, de fato, bem simples. Existem dois tipos de pensamento e sentimento: os que nos fazem sentir bem no Dan-Tien e os que não fazem. Quando nos sentimos bem, quase todos os nossos pensamentos são úteis, construtivos e saudáveis. Quando não nos sentimos bem, quase todos eles são inúteis, destrutivos, conducentes a acidentes e pouco saudáveis. Eis uma relação básica:

Quando nos sentimos bem	**Quando não nos sentimos bem**
Nós nos sentimos à vontade no corpo.	Nós nos sentimos pouco à vontade no corpo.
Apreciamos as funções do corpo.	Desprezamos as funções do corpo.
Desfrutamos o Aqui e Agora.	Nós nos preocupamos com o passado, o futuro e com outros lugares.
Desfrutamos os projetos e os desafios do dia-a-dia.	Fazemos as coisas distraidamente e de má vontade.

Figura 19. Em harmonia com a natureza e a natureza humana.

Planejamos e imaginamos um futuro radiante.	Ficamos nervosos, confusos e não conseguimos fazer planos realistas.
Somos criativos, autoconfiantes e tomamos iniciativas.	Sentimo-nos à mercê do passado e do futuro, das pessoas ou do destino em geral.
Somos delicados com os outros e com nós mesmos.	Somos críticos com relação aos outros e a nós mesmos.
Cuidamos da nossa vida.	Nós nos preocupamos com a vida das outras pessoas.
Ficamos em harmonia com a natureza e a natureza humana.	Ficamos em desarmonia com a natureza e com a natureza humana.
Tiramos vantagem das experiências passadas e aprendemos com os nossos erros.	Deploramos e lamentamos o passado, sentindo-nos culpados e indefesos.
Nós nos sentimos perto de uma fonte cósmica ou inteligência infinita.	Nós nos sentimos perdidos num universo insensato e sem sentido.
Nós nos sentimos gratos por estarmos vivos e achamos a vida preciosa e valiosa.	Sentimos que a vida não é suficientemente boa e que não somos suficientemente bons.
Nós nos sentimos completamente bem, em cada membro, músculo e nervo.	Temos autocomiseração e nos sentimos tomados pela tensão, pela raiva, pela inveja, pelo ressentimento, etc.

Sempre que não estamos centrados no Dan-Tien, sentimos a vida do modo como ela é descrita na coluna da direita da relação anterior. No entanto, tão logo começamos a viver em harmonia com o Dan-Tien, aproveitamos cada vez mais a vida da forma descrita na coluna da esquerda.

A Mente que Devaneia

Um famoso mestre zen havia alcançado o nível mais elevado de consciência. Quando lhe perguntaram como ocupava a mente durante o dia, ele respondeu: "Quando estou comendo, eu como, quando vou buscar água, eu busco água, e quando vou para a cama, eu durmo."

Ele era concentrado e controlado, envolvendo-se apenas com o que estava fazendo no momento. Ele não desperdiçava tempo com pensamentos inúteis e sem objetivo.

O oposto acontece com a pessoa que não está centrada no Dan-Tien. Se pudéssemos ler os pensamentos dela durante o dia, perceberíamos sua mente oscilar nervosamente de um lado para o outro. O dia poderia começar assim:

7:43. Estou sentando à mesa do café, olho pela janela e noto que o céu está nublado... acho que posso me molhar a caminho do trabalho... exatamente como aconteceu ontem ao meu vizinho Mike... a mulher do Mike anda diferente ultimamente...

7:44. Ela tem usado maquiagem... talvez tenha um amante... vou tomar agora uma xícara de café... provavelmente café colombiano... eles ainda plantam café, embora a cocaína seja mais lucrativa... as pessoas estão cada vez mais viciadas em drogas... e o mundo está ficando mais feio... mas eu tenho de agüentar...

7:45. Sou vítima desse sistema ganancioso e corrupto... devo passar geléia ou manteiga na torrada?... a torrada está queimada... essas torradeiras nunca funcionam direito... exatamente como o meu carro... gasto 25% do que ganho com ele e só tenho problemas...

7:46. Alguém está estacionando o carro bem na frente da minha casa... por que eles sempre estacionam aqui?... o mundo está ficando cada vez mais populoso... imagine como será daqui a cem anos... já são dez para as oito... tenho de ir... nem tive tempo para aproveitar direito o café da manhã... agora está chovendo... que dia horrível... espero que o chefe não esteja de mau humor...

E assim por diante. Minuto após minuto a mente vaga de um lado para o outro sem razão nem objetivo. Ela é uma vítima indefesa de eventos fortuitos, de lembranças que causam sofrimento e de preocupações. Ela se ocupa com pensamentos irrelevantes e emoções negativas que surgem a esmo. Ela perde o rumo por causa de filmes mentais inúteis. Só de vez em quando a mente se ocupa com os assuntos do tempo atual, concentrando-se alegremente nos interesses do momento presente. Muitas pessoas só conseguem se sentir realmente bem durante uma emergência ou quando estão sob pressão, quando têm algo definido para fazer, quando não têm tempo para pensamentos sem objetivo.

Como podemos evitar essa atividade mental desordenada e usar a mente de forma sensata e construtiva? Descobrindo o próprio centro e vivendo em harmonia com o Dan-Tien. Quando nos tornamos conscientes dos sinais do centro, podemos interromper os pensamentos que causam sofrimento e não têm objetivo e nos concentrar em coisas relevantes, que nos fazem sentir bem.

Como Você Está se Sentindo?

Como você está se sentindo neste momento? Reserve um minuto de tranqüilidade para se tornar consciente do seu eu físico. Você está se sentindo bem no seu corpo? Nas pernas? Em volta do pescoço e dos ombros? Em volta da garganta? E na região do estômago? Você está se sentindo realmente bem em todas as partes do seu corpo? Você é capaz de dizer que está realmente se sentindo "à vontade no seu corpo"? Ou você está conseguindo detectar uma leve tensão aqui, uma estranha sensação ali, uma sensação de peso generalizada, uma sensação de aperto ou dor em algum lugar?

Se você nunca fez algo assim antes, ou se aprendeu a não dar atenção aos seus sentimentos, talvez você sinta muito pouco, ou até não sinta nada, no início. A sensibilidade que você tinha quando criança pode ter sido perdida, especialmente na escola e em outras instituições autoritárias.

Mesmo que você tenha consciência dessas sensações no corpo, você poderá rejeitá-las como sem sentido ou irrelevantes. "Existe sempre um atrito aqui ou ali", você poderá dizer, "e não vou me preocupar com isso. Meu corpo é uma máquina imperfeita com suas pequenas esquisitices, e o principal é mantê-lo sob controle."

Na verdade, o corpo é muito inteligente. Tudo que ele faz tem um significado. Quando envia sensações desagradáveis, ele está enviando uma mensagem, um sinal de aviso. Ele está dizendo que você está pensando, ou fazendo, algo inútil ou prejudicial.

Você pode comparar o corpo a um avião. Sempre que ocorre um defeito no mecanismo ou na maneira como ele voa, pequenas luzes de alarme começam a piscar. Elas pedem que prestemos atenção e corrijamos o problema.

O corpo está cheio dessas "luzes de alarme", e o Dan-Tien é o ponto central do alarme. Quando você está se sentindo realmente bem em todas as partes do seu corpo, especialmente no seu centro, você recebeu a luz verde. Essa sensação agradável na verdade está lhe dizendo: "Vá em frente, está tudo bem. Independentemente do que estiver pensando ou fazendo no momento, é exatamente o que a situação atual exige que você faça." Você está no feixe luminoso do radar, por assim dizer, e pode relaxar com a certeza de que está no caminho certo.

Faça um Auto-Exame

Suponha que você de repente se sinta pouco à vontade enquanto está lendo este livro. Você percebe certa sensação desagradável na região abdominal. Não é nada sério ou alarmante, mas, mesmo assim, é um sinal de alarme, uma pequena luz vermelha que começa a piscar. O que ela está lhe dizendo? A mensagem é clara: você está de algum modo no caminho errado.

Você quer voltar ao normal, quer se sentir bem de novo. Você não quer se obrigar a ler, sentindo tensão no Dan-Tien. Você quer apreciar o livro. Ou talvez você queira pôr o livro de lado e fazer algo mais importante.

Mas o que exatamente você deve fazer para se livrar da sensação desagradável e das emoções ou pensamentos negativos que a acompanham? *A resposta é sempre:* faça um auto-exame até se sentir bem de novo.

Comece por examinar seu estado físico. Você está sentado numa posição confortável e equilibrada? Ficou muito tempo sentado e precisa se levantar, se estender ou caminhar um pouco? Está respirando superficialmente? Comeu demais ou muito pouco? Está com calor ou com frio?

Freqüentemente, todo o "problema" pode ser resolvido nesse nível, sem a necessidade de você examinar seus pensamentos ou emoções. Sua postura também pode afetar o modo como você se sente.

Se, depois de examinar todos os aspectos físicos, você ainda estiver com uma sensação esquisita no Dan-Tien, você pode fazer a si mesmo perguntas como: "Estou sentindo raiva ou ressentimento com relação a algo ou a alguém neste momento? O meu pensamento está distorcido pela preocupação ou pelo medo? Estou sendo invadido por sentimentos de culpa e arrependimento, ou estou sentindo pena de mim mesmo?"

Lembre-se de que todos esses pensamentos e sentimentos deturpados lhe parecerão perfeitamente "lógicos" e "necessários" enquanto você estiver nesse estado negativo. Não confie no intelecto nesse momento, confie no Dan-Tien. O fato de você ainda estar com uma estranha sensação no seu Dan-Tien demonstra com absoluta certeza que você está no caminho errado. Você não chegará a lugar nenhum seguindo esse trajeto, e desperdiçará tempo e energia. Você precisa encontrar o caminho no qual você se sentirá bem.

Continue a fazer o auto-exame até encontrar um pensamento ou atividade que faça você sentir-se bem. Continue a "cavar" até descobrir uma mina de ouro de alegria. Você a encontrará na direção mais inesperada. Você pode fazer tudo isso em questão de minutos ou até de segundos.

O Dan-Tien é Diferente

Você pesquisou em diferentes direções, descobriu o ponto sensível e se livrou dele. Como você está se sentindo bem de novo, você sabe que seus pensamentos e emoções retornaram ao caminho correto. Tudo o que você pensa ou faz nesse estado alegre faz sentido, é útil, significativo e construtivo. Você se sente novamente confiante quanto a resolver problemas e a obter resultados na vida cotidiana. Você também sabe que irá apreciar quase todos os minutos.

Note a diferença entre a perspectiva do Dan-Tien empregada aqui e o caminho que geralmente é seguido. Normalmente, você não teria dado atenção às sensações do seu corpo e, por conseguinte, teria permanecido inconsciente do seu estado negativo. Você teria se permitido mergulhar em quaisquer emoções e pensamentos negativos (tristes) que surgissem. Você teria sido tentado a se envolver mais profundamente em teorias artificiais ou inúteis, especulações, lembranças desagradáveis, filmes mentais, preocupações, arrependimentos, ressentimentos, etc. Você teria chamado isso de "lidar com o problema e explicar as suas causas".

Esse também é o caminho seguido pela maioria dos psicoterapeutas, um percurso interminável que provoca "percepções intuitivas" ocasionais mas não cria soluções reais, mesmo depois de anos de um tratamento dispendioso. Como a maioria dos terapeutas usa essa perspectiva na própria vida, sob o verniz profissional eles são geralmente tão infelizes e confusos quanto os seus pacientes. O próprio Freud fumava desbragadamente, era viciado em cocaína e adotava uma perspectiva machista chauvinista, o que revela algo a respeito do seu estado mental predominante.

Nosso Estado Normal e Natural

Ao concentrar a energia Chi no Dan-Tien, acabamos com as emoções negativas tão logo elas surgem. Desse modo, somos liberados, para todo efeito prático, da influência destrutiva delas, e podemos aproveitar a vida como pessoas livres e felizes. Nesse estado de bem-estar físico e mental, estamos em sintonia com o Eu, estamos no nosso estado normal e natural. Qualquer coisa inferior seria realmente "subnormal" e estaria abaixo dos nosso padrões. Outros podem aceitar os estados negativos como normais, mas para nós eles são inaceitáveis.

No entanto, à medida que nos tornamos mais conscientes do nosso Dan-Tien nos dias e semanas seguintes, descobrimos, para nossa surpresa, que resvalamos com freqüência no estado negativo. Em um dia comum, isso pode acontecer dezenas de vezes, e a cada vez tendemos a nos enredar numa série de pensamentos inúteis.

Pouco a pouco aprendemos a evitar essas armadilhas ou a escapar delas com rapidez. Passamos a usufruir o nosso estado normal e feliz por períodos cada vez mais longos, com poucas interrupções. A vida se torna uma jornada agradável e sentimos harmonia interior, prazer por estar vivos e somos gentis para com os outros e para com nós mesmos. Nós nos tornamos conscientes da harmonia subjacente que estava presente o tempo todo, mas que tinha sido excluída pelo estresse interior e exterior. Desse modo, ao arrancar as ervas daninhas do nosso jardim, podemos permitir que as flores floresçam novamente.

Na verdade, nossa qualidade de vida depende da qualidade dos nossos sentimentos com relação a nós mesmos e ao mundo em qualquer momento. Nosso mundo parece feio e desagradável sempre que perdemos o contato com o Dan-Tien. O mesmo mundo pode de repente ficar repleto de amor e alegria se nos centrarmos de novo.

Se o atrito interior é nocivo, isso significa que devemos ficar o tempo todo relaxados? Na verdade, não. Relaxar é uma boa idéia quando estamos muito tensos, mas não é uma panacéia. O relaxamento total seria uma forma de sono ou morte. O que realmente queremos é um estado sutil de "estar aqui e agora" ou de "estar com a mente alerta e tranqüila". Só podemos alcançar e manter esse estado quando estamos centrados no Dan-Tien.

Substitutos Inadequados para o Dan-Tien

As pessoas que vivem no mundo moderno estão privadas, sem o saber, do prazer elementar e primordial que os animais selvagens e os seres humanos que vivem em contato com a natureza desfrutam automaticamente todos os dias. Elas estão presas num estado de intranqüilidade que perturba e abala os processos básicos da mente e do corpo destinados a mantê-las felizes e saudáveis. Elas não estão mais em contato com seu centro de alegria e vitalidade, o Dan-Tien.

As pessoas que sentem esse tipo de privação procuram satisfazer-se de outras maneiras. Muitas tentam se manter ocupadas ganhando cada vez mais dinheiro ou adquirindo um número cada vez maior de bens materiais e símbolos de *status*. Outras acumulam títulos, diplomas, medalhas, honrarias, fama e poder. Algumas buscam consolo na fanática busca de experiências espirituais ou intelectuais. Muitas tentam amenizar o sofrimento interior bebendo, comendo em excesso ou buscando desesperadamente qualquer tipo de companhia. Algumas dependem de calmantes para diminuir a tensão interior, ou usam drogas que expandem a mente para se libertar do cárcere mental.

Outras, ainda, tentam dominar os problemas interiores assistindo continuamente à televisão, ouvindo músicas estridentes ou dirigindo carros barulhentos. Algumas até mergulham de cabeça em aventuras perigosas, que põem a vida em risco só para desviar um pouco a atenção em relação ao sofrimento interior.

É claro que essa busca poderia ser benéfica se realizada com moderação, mas, para as pessoas que perderam o contato com seu Dan-Tien, essas atividades se tornam tentativas irracionais de compensar a falta de harmonia. Milhões de pessoas despendem grande parte do seu tempo, dinheiro e energia, perseguindo metas ilusórias. Grandes segmentos da economia existem exclusivamente para servir de instrumento para essa busca mal-orientada da satisfação interior. Os anunciantes astuciosamente exploram o anseio das pessoas, prometendo felicidade eterna ao comprador desse ou daquele produto, mesmo que o produto seja, na verdade, inútil ou prejudicial.

Esse descontentamento é necessário? É o preço que temos que pagar pelas bênçãos da civilização, como sugeriram Sigmund Freud e outros? Ou ele indica que existe algo fundamentalmente errado com a nossa civilização? Os que conhecem o segredo do Dan-Tien descobriram uma solução melhor.

Dan-Tien: Melhor do que o Biofeedback

Às vezes o corpo pode parecer um mecanismo bruto, que precisa ser controlado e disciplinado pela mente. No entanto, nada poderia estar mais longe da verdade. O corpo é incrivelmente sutil e complexo, e possui uma sabedoria própria. Com efeito, ele vibra com milhões de minúsculos transmissores e receptores, e é guiado por uma sofisticada mente própria.

Foi isso que a bióloga Barbara Brown descobriu quando usou um complexo equipamento eletrônico para ouvir o corpo.[1] Suas experiências demonstraram que a mente e o corpo são, na verdade, as duas faces de uma mesma moeda. Todos os nossos pensamentos afetam de alguma maneira o corpo, e todos os processos do corpo, por sua vez, influenciam os pensamentos e as emoções. Ela começou a usar o termo "mente-corpo" para descrever o organismo humano.

Ela demonstrou esse fato numa certa experiência com a ajuda de trens de brinquedo e luzes intermitentes. Ao ligar o seu equipamento à pele de um voluntário, ela fez com que luzes piscassem e trens de brinquedo começassem a andar sempre que o cérebro da pessoa estivesse calmo e concentrado, produzindo ondas alfa. Depois de algumas semanas de treinamento, a pessoa aprendeu a produzir por vontade própria esse estado mental. Brown criou a palavra *biofeedback* para descrever esse processo de aprendizado.

---

1. Os leitores interessados talvez queiram estudar o livro de Barbara B. Brown, *New Mind, New Body* (Nova York: Harper & Row, 1974).

Depois de anos de pesquisa, Brown chegou à conclusão de que o corpo é geralmente mais sábio do que a mente, que as reações dele tendem a estar mais em sintonia com a vida. Quando existe um conflito entre a mente e o corpo, a mente é mais nociva do que benéfica quando obriga o corpo a obedecer.

Na cultura ocidental, aprendemos a admitir que a mente está sempre certa. Gostamos de impor disciplina e regras autoritárias ao corpo. Quando este funciona inadequadamente ou se revolta, mais uma vez o culpamos por causar problemas e usamos métodos mais fortes para "mantê-lo sob controle".

Essa relação infeliz provoca então problemas nervosos, doenças psicossomáticas e vários tipos de enfermidade. Barbara Brown acredita que a maior parte dos problemas psicológicos, médicos e até mesmo sociais de hoje poderiam ser evitados se prestássemos mais atenção ao nosso corpo. Um número cada vez maior de pesquisadores de diferentes áreas concordam com ela. Os médicos compreendem cada vez mais que a saúde física e a mental andam juntas, e que quem pretende exercer a cura deve olhar para a pessoa como um todo, em vez de se concentrar só na parte doente. Cada vez mais as pessoas se tornam conscientes do corpo e usam palavras tais como "psicossomático", que simplesmente significa "mente/corpo".

Entretanto, embora as experiências com o *biofeedback* tenham sido um passo na direção certa, elas não cumpriram a promessa inicial. Constatou-se que os bons equipamentos são caros e difíceis de serem operados. Por conseguinte, o método não é indicado para ser usado diariamente por uma pessoa inexperiente.

Não obstante, o dispositivo ideal de *biofeedback* existe. Na verdade, ele está embutido no grande computador biológico que chamamos de corpo humano. A sutileza e a complexidade desse dispositivo de *biofeedback* excede qualquer coisa que a ciência eletrônica possa inventar. Podemos percebê-lo e usá-lo por meio do Dan-Tien. Só agora estamos descobrindo como esse dispositivo é útil e eficaz. Estamos começando a perceber que a vida só pode ter significado e ser gratificante, bela e agradável quando vivemos em harmonia com o Dan-Tien.

Capítulo 13

Como Adquirir o Hábito do Dan-Tien

Problemas do Passado

Muitas pessoas se sentem oprimidas pelas lembranças tristes. Os psicólogos da escola freudiana explicam a maior parte dos problemas pelos traumas da infância. Na Índia, os hindus se sentem oprimidos por causa de seus pecados em encarnações anteriores. Duzentos milhões de indianos são conhecidos como "Intocáveis". Supõe-se que eles tenham cometido crimes terríveis em encarnações anteriores e, em função disso, só devem executar os tipos mais sujos de trabalho. Nos países ocidentais, milhões de pessoas se sentem igualmente condenadas a suportar uma vida de relativa infelicidade e anos de dispendiosa psicanálise por causa de possíveis traumas da infância.

Entretanto, os problemas do passado podem ser resolvidos com rapidez e facilidade. Eles desaparecem automaticamente quando vivemos em harmonia com o Dan-Tien. Ao acabarmos com as emoções negativas relacionadas com essas experiências passadas, podemos transformar os traumas em memórias inofensivas.

Figura 20. Entretanto, os problemas do passado podem ser resolvidos com rapidez e facilidade.

Podemos, por exemplo, sentir ressentimento ou ódio por uma pessoa que nos magoou há muitos anos. Podemos ainda sentir autocomiseração por acreditarmos que fomos maltratados por parentes, empregadores, professores, autoridades ou simplesmente pelo destino. Como podemos resolver esses problemas se o dano foi causado há tanto tempo? Simplesmente relacionando-nos com o passado de um modo diferente.

A imagem que temos do nosso passado não é objetiva e sim altamente subjetiva. Somos perfeitamente capazes de criar uma imagem tendenciosa e parcialmente fictícia do passado (ou do futuro) que apóie e justifique nossa atitude atual de ressentimento e autocomiseração. Até mesmo Freud admitiu esse fato em suas últimas obras. É bastante humano pôr no passado (com relação ao qual nada podemos fazer) a culpa de um problema atual a respeito do qual *podemos* fazer algo.

O ponto central da nossa vida não é o nosso passado nem o nosso futuro, mas o momento presente. O que conta é o que fazemos *agora*. Nossa vida é correta desde que nossa atitude *atual* diante do presente, do passado e do futuro esteja correta. Ao "sentir o Dan-Tien", podemos descobrir se a nossa imagem do passado parece certa ou não. Quando fazemos um exame de nós mesmos, podemos logo chegar a uma imagem do passado que nos transmite uma sensação boa por fazer justiça a todos os envolvidos.

Traumas Imaginários

Ao concentrar dessa maneira nossa energia Chi no Dan-Tien, podemos eliminar lembranças tristes. Até mesmo os traumas da infância que nos incomodaram, deprimiram ou limitaram durante anos podem ser transcendidos, freqüentemente em questão de minutos.

No entanto, essa mágica atua nos dois sentidos, e podemos efetivamente "criar" traumas da infância com a mesma rapidez com que podemos acabar com eles. Muitas vezes fazemos isso involuntariamente e sofremos as conseqüências. Sempre que estamos tensos e confusos, os problemas do passado se multiplicam ou pioram. Todos os aspectos do passado tendem a parecer sombrios tão logo perdemos o contato com o Dan-Tien.

Isso acontece porque invariavelmente projetamos nossos sentimentos atuais na nossa imagem do passado (ou do futuro). Por exemplo, se estamos nos sentindo inferiores neste momento, temos a tendência de recordar ocasiões do passado em que não fomos bem-sucedidos em alguma coisa. Por outro lado, se estamos nos sentindo com sorte, nossa tendência é recordar momentos em que tivemos sorte.

Para se convencer disso, você pode fazer uma experiência simples. Um dia em que você se sentir deprimido, intensifique esse sentimento adotando uma postura incorreta, respirando de maneira agitada e se sentindo tenso ao encarar as coisas. Incline a cabeça para a frente e respire nervosamente por algum tempo a partir do ombro. Obrigue seu corpo a assumir posições desconfortáveis e pouco naturais enquanto estiver andando, quando estiver sentado ou de pé.

Você logo notará uma mudança na maneira como você sente e pensa. Ao pensar no seu passado e na sua infância, provavelmente associações mentais desagradáveis surgirão. Imagens de acontecimentos tristes e de experiências traumáticas poderão aparecer. Um ou dois "traumas" poderão sobressair na sua imaginação e você poderá dramatizá-los e ampliá-los. Talvez você chegue então à conclusão de que encontrou a origem dos seus problemas atuais.

Na verdade, você criou um mito, uma combinação de fato e fantasia que lhe possibilita pôr a culpa dos problemas atuais em supostos problemas do passado. De repente, você se sente uma vítima indefesa das pessoas ou do destino.

Esse exemplo mostra que nossa vida é mais moldada pelo estado atual da nossa mente ou corpo do que pelo nosso passado. Ao viver em harmonia com o Dan-Tien, podemos adquirir o hábito de nos sentirmos bem com relação ao presente, ao passado e ao futuro.

Como Descobrir a Perspectiva Adequada

Quando esquecemos o guarda-chuva e começa a chover enquanto caminhamos ao ar livre, estamos diante de um problema. Quando nos sentimos infelizes por causa de um trauma da infância ou de um acidente, também estamos diante de um problema. E quando contamos às pessoas que o nosso carro foi roubado, que a nossa mulher ou marido nos deixou, ou que perdemos o emprego, elas dizem: "Você está com um problema." O que esses exemplos têm em comum? Eles nos fazem sentir infelizes.

A ênfase aqui está na palavra "sentir". Nossos sentimentos são muito individuais e subjetivos. O que incomoda outras pessoas pode não representar um problema para nós, e vice-versa. O simples fato de termos consciência dessa realidade pode nos ajudar a resolver muitos problemas, grandes ou pequenos. Por exemplo, se alguém diz: "O tempo está horrível", podemos nos sentir tentados a também ficar deprimidos, embora o tempo não nos incomode nem um pouco.

Os sentimentos de infelicidade podem desaparecer em questão de minutos, ou mesmo de segundos, quando examinamos o problema a partir da perspectiva adequada. Nesse caso, o problema também desaparece, porque não está mais associado a sentimentos infelizes. Falando objetivamente, "o problema" ainda pode estar presente, porém nós não o vemos mais como um problema. Não somos mais dominados por ele nem ficamos irritados por sua causa. Sabemos que podemos lidar com ele e estamos no controle. Estritamente falando, não era o problema que estava nos incomodando, mas nossas associações mentais de infelicidade.

Isso se aplica a todos os problemas, independentemente de tipo ou tamanho, bem como de tempo ou localização. Não importa se percebemos o problema no nosso passado ou num lugar distante. Ainda podemos resolvê-lo em questão de minutos, simplesmente reencontrando o nosso centro. Esse fato é especialmente verdadeiro com relação aos problemas normais do dia-a-dia, e representa uma grande ajuda nas situações trágicas.

Como podemos saber qual é o enfoque correto e a linha de ação adequada? Fazendo o auto-exame. Nosso Dan-Tien nos informará quando estivermos novamente no caminho certo. De repente nos sentimos bem com relação a nós mesmos e ao mundo.

Até mesmo lidar com problemas de dinheiro fica mais fácil quando os tratamos dessa maneira. O dinheiro em si não é nem bom nem mau, mas nossa atitude com relação ao dinheiro pode sê-lo. Nós nos sentimos bem a respeito da maneira como lidamos com o dinheiro, da maneira como o ganhamos e gastamos? Ou temos sentimentos confusos e emoções negativas com relação a esse importante assunto? Na verdade, o dinheiro é uma forma de energia vital que flui entre nós e os outros. Quando esse fluxo nos faz sentir bem no Dan-Tien, sabemos que estamos no caminho certo.

O Hábito de Aproveitar Cada Minuto

Quando adquirimos o hábito de aproveitar cada minuto da vida, ficamos o mais próximo da felicidade e da realização duradouras que um ser humano pode ficar. Afinal de contas, a vida nada mais é do que uma sucessão de minutos, e sempre estamos "aqui e agora".

O passado se foi e o futuro só existe na nossa imaginação. Arrependermo-nos do passado e nos preocuparmos com o futuro é uma perda de tempo que só nos torna infelizes. Mas fazer algo que valha a pena aqui e agora é divertido, e isso inclui fazer planos para o futuro e aprender com o passado. Viver no aqui e agora significa viver uma vida boa, enquanto o hábito de nos afastarmos do aqui e agora é o início de todos os problemas, do sofrimento e da doença.

Quando vivemos em harmonia com o Dan-Tien, não só resolvemos os problemas, como também podemos evitá-los. À medida que o dia passa, praticamente cada segundo traz consigo mudanças sutis. À medida que nos tornamos mais conscientes do nosso Dan-Tien, percebemos paulatinamente as pequenas indicações orientadoras do nosso centro.

Em um minuto você se pergunta se seria prudente dar um importante telefonema agora ou se seria melhor ir pessoalmente resolver o assunto.

Alguns segundos depois você se lembra de um episódio desagradável. Você pode fazer algo a respeito ou seria melhor esquecer o ocorrido?

Agora você quer se sentar na sala de jantar, ou seria mais agradável no jardim?

Um pouco mais tarde, você se prepara para fazer compras, ou, na verdade, você preferiria visitar primeiro o vizinho?

Trinta segundos depois, você está conversando com o vizinho. Você vai falar sobre o tempo ou sobre o jardim? Ou seria melhor falar a respeito de algo que esteja mais perto do coração do vizinho? E assim por diante.

Todas essas mudanças que ocorrem a cada minuto acontecem continuamente, e mal as notamos. No entanto, esses são os preciosos minutos dos quais são formados 99% da nossa vida. Se não nos sentimos bem interiormente durante a maior parte desses minutos, simplesmente não nos sentimos bem com relação à vida como um todo. Podemos dizer que nos sentimos bem e somos felizes de vez em quando, mas, bem lá no fundo, sabemos que nos sentimos frustrados a maior parte do tempo. Talvez o futuro ainda nos traga alguma esperança, mas mesmo o futuro está fadado a nos desapontar se não adquirirmos o hábito de desfrutar cada minuto da nossa vida.

Pouco a pouco, com o passar das semanas e dos meses, podemos aprender a apreciar o momento presente. Depois de algum tempo, para nossa surpresa, perceberemos que a nossa vida mudou. Também podemos reparar que outras pessoas freqüentemente se vêem presas a uma disposição de ânimo infeliz e a emoções negativas. Elas se encontram no estágio que estávamos antes de aprender o segredo do Dan-Tien.

A Perspectiva Prática

Cada sensação desagradável no Dan-Tien é acompanhada por emoções negativas e pensamentos inúteis. Os três estão interligados. Eles surgem juntos e também desaparecem juntos. Temos a chave para a solução de qualquer problema. Podemos começar por:

A) fazer algo a respeito dos nossos pensamentos,
B) ou tomar consciência das nossas emoções,
C) ou reequilibrar nosso corpo, a postura, a respiração ou os movimentos.

Podemos nos deslocar de uma área para outra, num processo contínuo, até que a sensação desagradável no Dan-Tien desapareça.

O bom senso geralmente nos dirá por onde começar. Talvez tenhamos ficado sentados durante horas curvados sobre o nosso trabalho e passamos a nos sentir melhor tão logo admitimos o fato e tomamos alguma providência. Ou então podemos perceber que estávamos dominados por pensamentos ou filmes mentais inúteis, e passamos a nos sentir melhor tão logo começamos a nutrir pensamentos mais importantes e os colocamos em prática. Vale a pena tentar qualquer perspectiva, desde que ela nos faça sentir novamente bem no Dan-Tien. Com um pouco de imaginação criativa, podemos avaliar quais são nossas verdadeiras necessidades no momento.

Os psicólogos podem discutir eternamente sobre o que é mais importante: o corpo, a mente ou as emoções. Quem nasceu primeiro, o ovo ou a galinha? Ou terá sido o ninho? Ou quem sabe o galo? Mas, na prática, isso não faz diferença, e podemos dizer que todos nasceram ao mesmo tempo. Qualquer enfoque serve, desde que nos faça sentir bem no Dan-Tien.

Pensamentos Negativos

Pensamentos e emoções negativos (infelizes) têm pouco ou nada a oferecer. Não podemos aprender nada com eles. Basicamente não haveria problema em nos determos neles, mas temos coisas mais importantes a fazer. Não queremos desconsiderá-los nem reprimi-los, apenas não temos tempo para eles.

Quando pensamos ocasionalmente neles, descobrimos que todos eles estão interligados. Eles estão reunidos na raiz, como os tentáculos de um polvo. Quando começamos a puxar uma das pernas, acabamos puxando todas as outras pernas também. Se formos dominados por uma sensação de ressentimento, também existirá um sentimento subjacente de:

Autocomiseração, porque sentimos que fomos maltratados por alguém ou pelo destino.
Ódio, porque queremos nos vingar de alguém.
Inveja, porque sentimos que outras pessoas têm mais do que merecem, que merecemos o que elas têm.
Culpa, porque secretamente esperamos ou planejamos a infelicidade alheia.
Arrependimento, porque achamos que deveríamos ter feito algo antes a respeito do assunto e que cometemos outros erros.
Raiva, porque sentimos que algumas pessoas nos compreenderam mal ou nos maltrataram, inclusive na nossa infância.

Quanto mais nos aprofundamos em qualquer desses itens, mais emaranhados ficamos com o polvo. Surgem outras lembranças e sentimentos infelizes a respeito de nós mesmos e do mundo em geral. Esse é o solo fértil do qual alguns terapeutas extraem seus lucrativos rendimentos. Essa é a principal razão pela qual eles encorajam seus pacientes a falarem ininterruptamente sobre seus problemas e se demorarem em seus erros e experiências traumáticas.

Quase todas as teorias psicológicas na verdade se fundamentam na observação de pacientes com problemas mentais e de pessoas que apresentam distúrbios. Estas sofrem de "complexos" de problemas – estão à mercê do polvo inteiro. Como resultado, a maioria dos psicólogos enfatiza os aspectos neuróticos da natureza humana. Uma exceção notável é a psicologia "humanística" de Abraham Maslow, que não apoiava suas descobertas em pacientes com problemas mentais, mas no estudo de pessoas "normais" e bem-sucedidas. Ele é bastante conhecido pela sua "hierarquia das necessidades humanas" e por seus estudos de realização pessoal e experiências de pico. Ele descobriu que os seres humanos são, por natureza, delicados e estão ansiosos por se ajudarem mutuamente, que são criativos e abertos à inspiração divina, e têm muitas outras características desejáveis.[1]

O reconhecido especialista na questão do *stress*, Hans Selye, aconselhou as pessoas a se deterem nos aspectos agradáveis da vida e em atividades capazes de melhorar a situação.[2]

Pensamentos confusos, irrelevantes e que causam sofrimento são invariavelmente acompanhados por *stress* no corpo e "nós" no sistema nervoso. Podemos senti-los na respiração irregular, na postura incorreta, na coordenação motora tensa ou na expressão facial carregada de tensão. Em outras palavras, não nos sentimos mais à vontade no corpo, e o nosso Dan-Tien determina que ponhamos um fim a esses pensamentos inúteis, irrelevantes ou nocivos.

Inversamente, também é verdade que temos pensamentos úteis, relevantes e agradáveis tão logo nossa respiração e coordenação física voltam ao normal. Assim que nos sentimos bem no corpo, nossa mente produz pensamentos agradáveis que resultam numa ação útil.

Quando vivemos em sintonia com o nosso Dan-Tien, podemos esquecer os pensamentos negativos e a psicologia negativa. Não te-

1. Abraham Maslow, *Toward a Psychology of Being* (Nova York: Van Nos Reinhold, 1968).
2. Hans Selye, *The Stress of Life* (Nova York: McGraw-Hill, 1956).

mos mais necessidade de examinar experiências passadas nem emoções de sofrimento. Em vez disso, evoluímos a partir dos nossos sucessos e cultivamos um estado harmonioso de mente/corpo, sendo guiados pela sabedoria divina que podemos sentir no nosso centro.

Sonhos Agradáveis

Suponha que você sonhou que uma árvore caminha na sua direção, transforma-se num dragão e nada através de um rio, onde é atacada por uma motocicleta.

O que isso lhe diz? Sem dúvida os sonhos têm um significado. Eles refletem processos inconscientes que a mente consciente desconsiderou ou reprimiu. Eles expressam algo de que você não quis tomar conhecimento durante o dia. É por isso que os psicanalistas pedem a seus pacientes que narrem os sonhos que tiveram. Mas, na hora de interpretar um determinado sonho, cada analista chega a uma resposta diferente. Os freudianos vêem símbolos sexuais em tudo e os junguianos procuram os arquétipos. Alguns psicólogos acreditam que só a pessoa que sonha é capaz de descobrir o significado do sonho.

No contexto do Dan-Tien, você só precisa fazer uma única pergunta: o sonho foi agradável ou não? Você acordou com um sorriso nos lábios ou de mau humor? Seu corpo estava relaxado e revigorado, ou você estava se sentindo tenso e confuso?

Se o sonho envolvia algum tipo de conflito ou violência, ou se você estava sofrendo, você pode pressupor que, no momento, está desconsiderando ou reprimindo algum tipo de conflito interior. No final é você, a pessoa que sonhou, que criou o sonho e seus conflitos.

Quando você acordar e tomar consciência do que está acontecendo, talvez queira anotar o que aconteceu no seu sonho. Você pode encará-lo como um misterioso oráculo e pode ou não aprender algo com ele. Mas a principal lição a ser extraída de um sonho desagradável é que você, de algum modo, está lutando contra si mesmo.

Por conseguinte, você pode tratar o sonho como trataria qualquer outro pensamento ou sentimento negativo: você pode acabar com o conflito subjacente restabelecendo a harmonia no seu Dan-Tien. Em vez de analisar ou explicar o sonho, você se entrega à rotina habitual de se centrar até se sentir novamente bem porque o conflito desapareceu.

Não existe, na verdade, uma grande diferença entre os pensamentos que você tem acordado e os que você tem quando está sonhando. Até mesmo os pensamentos que você está tendo neste momento são, na verdade, "sonhos", eles representam sua interpretação subjetiva da realidade.

Ao viver em sintonia com o Dan-Tien, quase todos os seus sonhos serão tão agradáveis quanto os seus dias. Ao mesmo tempo, seus dias serão mais coloridos porque sua mente consciente será mais criativa. Exatamente como nos sonhos, você transcenderá os limites do tempo e do espaço no seu pensamento diurno. Se, no momento, sua vida é um pouco aborrecida ou unidimensional, agora ela pode tornar-se um "grande sonho".

Resumo da Perspectiva Dan-Tien

É natural e normal sentir-se bem e aproveitar cada momento.

Revolver um problema e analisá-lo ou explicá-lo, enquanto você se sente tenso e confuso, só cria mais problemas.

O primeiro passo sempre deve ser encontrar o seu centro reunindo a energia Chi do seu Dan-Tien. Logo que se sentir bem no seu centro, sua mente será capaz de explicar tudo — mas não antes disso.

Quando perceber sentimentos desagradáveis no seu Dan-Tien, você poderá perguntar a si mesmo:

1) Minha energia está centrada ou vaga nervosamente pela minha cabeça e pelo meu corpo?
2) Minha postura e meus movimentos estão centrados, ou são desajeitados e tensos? Meus músculos abdominais estão relaxados?
3) Aprecio cada inspiração e expiração, ou minha respiração no momento é tensa, superficial, breve ou irregular?
4) Eu realmente aprecio o que estou pensando e fazendo, ou emoções negativas e pensamentos inúteis e irrelevantes se introduziram furtivamente? Estou concentrado no que estou fazendo ou estou distraído?

Se você responder "sim" à primeira parte das questões acima, você está no caminho certo. No entanto, se a resposta for "sim" às últimas perguntas, você perdeu o contato com o Dan-Tien. Tão logo nos vemos novamente no caminho certo, começamos a perceber o nosso passado, nosso futuro, os nossos relacionamentos e projetos segundo a perspectiva correta, e podemos adotar a linha de ação que "transmite uma sensação boa" e obtém resultados.

Sentir-se bem no seu centro (o Dan-Tien) significa estar no caminho correto (o Caminho do Tao). Ao tomar consciência do seu eu divino, você se sente bem com relação a si mesmo e ao seu mundo. Tudo que você pensa e faz tem sentido e serve a um objetivo.

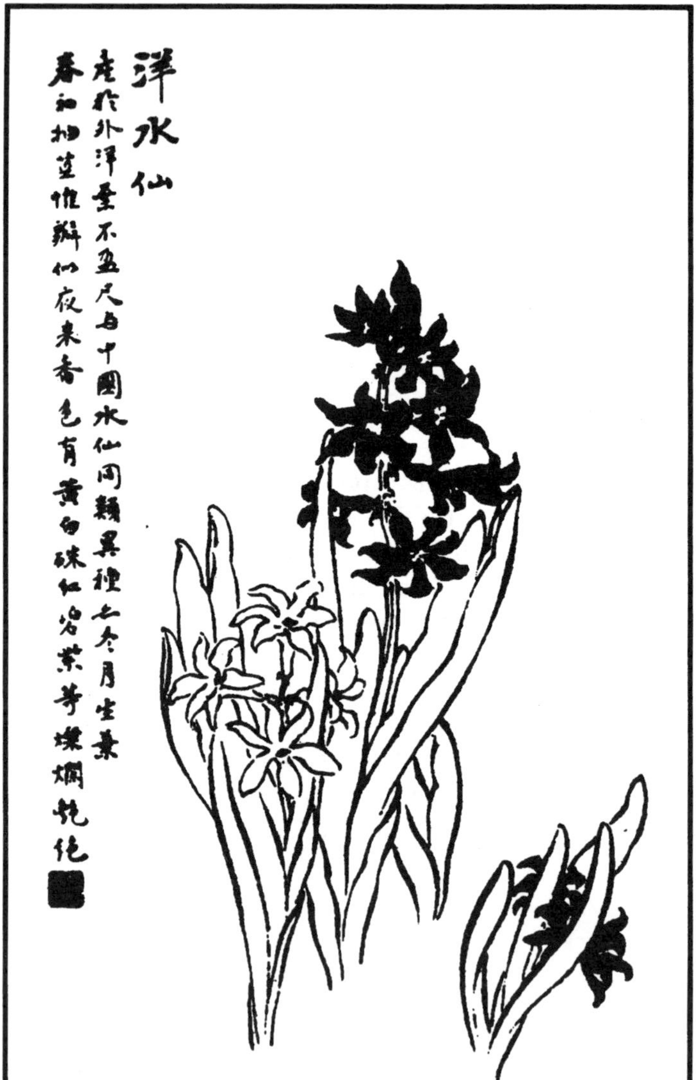

Figura 21. A natureza nos contemplou com um instinto que nos leva a buscar o prazer.

Capítulo 14

É Bom nos Sentirmos Bem

A Natureza Quer que Sejamos Felizes

A natureza nos contemplou com um instinto que nos leva a buscar o prazer e a evitar a dor. Aumentamos nossa possibilidade de sobrevivência buscando alimentos, companhias agradáveis, amor e ambientes favoráveis, e afastando-nos de influências nocivas. A alegria e o amor têm um "valor de sobrevivência", como salientaram os biólogos. "Sentir-se bem" não é um luxo frívolo como sugerem algumas escrituras, mas uma necessidade biológica. Quando seguimos as leis da natureza, ela nos recompensa, proporcionando-nos alegria e prazer durante o percurso.

A humanidade desenvolveu essa sabedoria inconsciente no decorrer de milhões de anos de evolução. Até mesmo o nosso remoto ancestral, a ameba unicelular, possuía (e ainda possui) o instinto de buscar os alimentos e condições favoráveis e evitar ambientes hostis. Esses simples reflexos foram aprimorados através dos tempos, especialmente nos animais superiores. Os seres humanos foram ainda dotados de uma mente consciente elaborada que os ajuda a se adaptarem a todos os tipos de condições e a criarem seus próprios ambientes fazendo uso de uma engenhosa tecnologia. A mente consciente nos possibilita pensar e raciocinar, e nos distingue dos macacos, dos cachorros e dos cavalos, por exemplo. Embora esses animais superiores também possam pensar, não são adaptáveis e inventivos como os seres humanos.

Mas permanece o fato de que nossas funções vitais têm lugar no nível inconsciente. Nossa sobrevivência depende de complexos processos biológicos e da sabedoria animal contida no nosso sistema nervoso, nos nossos genes e células. O corpo está de muitas maneiras mais em contato com a vida do que a mente consciente. Enquanto esta só consegue lidar com uma coisa de cada vez, o corpo pode "sentir" e processar centenas de coisas simultaneamente. Ele possui os reflexos aguçados do animal selvagem que está constantemente olhando, sentindo, buscando, comparando e escolhendo.

No entanto, as pessoas mais "civilizadas" foram condicionadas a não dar atenção à sua sabedoria instintiva e a viver apenas em função do intelecto. Elas não estão mais em contato com esse poder inconsciente, e se esqueceram de como apreciar a vida. Elas violam as leis da natureza e a recompensa que recebem é o sofrimento em vez da alegria. Essas pessoas precisam redescobrir seu Dan-Tien para se tornarem plenamente humanas.

O Sofrimento é um Sinal de Advertência

As pessoas que perderam o contato com o Dan-Tien geralmente têm como certos a frustração, o sofrimento e a infelicidade. Elas sentem que eles são uma parte inevitável da vida, e podem citar ditados como os seguintes:

Dias bons são sempre seguidos de dias maus.
O bem está sempre acompanhado pelo mal.

> É preciso lutar para chegar a algum lugar.
> Os seres humanos foram feitos para sofrer.
> É nobre sofrer e se sacrificar por uma boa causa.
> Alegria e tristeza são as duas faces de uma mesma moeda.
> É imoral aproveitar a vida enquanto outras pessoas estão sofrendo.
> Todos temos de carregar a nossa cruz.

É claro que existe uma parcela de verdade nesses ditados. Mas suponha que alguém diga: "Saúde e doença são as duas faces de uma mesma moeda." Essa afirmação também é, de certo modo, verdadeira. Deveríamos, então, achar normal e natural ficar doente a metade do tempo ou ter um corpo metade doente? Deveríamos acreditar que a boa saúde é sempre seguida da doença, ou que é nobre ficar doente?

É verdade que a dor, o sofrimento e a doença têm a sua função na vida. Eles se aproximam de nós como mestres quando estamos no caminho errado. Eles primeiro nos advertem, e quando não lhes damos atenção, eles nos punem. Sob esse aspecto, eles são benéficos e podem conduzir à "iluminação" a pessoa que se afastou do caminho da saúde física ou mental. Mas dar as boas-vindas à dor, ao sofrimento e à doença porque eles serão seguidos pela saúde ou felicidade é como dizer: "Por favor, espanque-me e castigue-me porque eu me sinto muito bem quando você pára." Na verdade, essa mentalidade encerra um elemento de sadomasoquismo.

Entretanto, as pessoas que vivem em sintonia com o Dan-Tien usam o princípio da dor/prazer do modo previsto pela natureza. Quando elas prestam atenção ao centro em busca de sensações desagradáveis, estão na verdade detectando a dor em seus estágios iniciais, antes que ela entre em ação. As pessoas então usam essa mensagem sutil para encontrar o caminho de volta ao normal, ou seja, ao sentimento agradável de estar à vontade no corpo e em contato com o poder cósmico Chi.

Estruturas de Referência mais Alegres

Apesar do que possamos ter aprendido e do que muitos especialistas afirmam, não fomos feitos para lutar e sofrer durante a vida. Mas, mesmo depois de termos alcançado um entendimento básico do conceito do Dan-Tien, ainda podemos ter dúvidas de vez em quando. Podemos dizer, por exemplo:

"É simplesmente impossível aproveitar cada minuto ou quase todos os minutos, porque a vida tem seus altos e baixos."

"O mundo de hoje é tão cheio de problemas, que todos somos oprimidos por eles. Todo esse sofrimento me entristece."

"Tenho problemas particulares com o meu namorado, com a família, com o emprego, com as finanças, etc., que não podem ser resolvidos com uma receita de felicidade instantânea."

"Meus problemas estão profundamente enraizados no meu passado, e nada pode mudar esse passado. Preciso pensar ou receber aconselhamento durante anos para superar esses problemas, e alguns nunca deixarão de existir."

"É natural estar feliz em certos dias e infeliz em outros. É isso que torna a vida estimulante, e eu não gostaria que as coisas fossem diferentes."

"Acho que é bom ter uma explosão de raiva, gritar e berrar, ou ter uma crise de choro, porque isso alivia a tensão e me faz sentir melhor."

"Precisamos de períodos de sofrimento para nos desenvolver e amadurecer. Todos os grandes talentos tiveram de lutar contra terríveis dificuldades, e as pessoas mais criativas passaram por períodos de loucura."

Todos esses argumentos encerram alguma verdade, mas não são pertinentes quando estamos vivendo em harmonia com o Dan-Tien durante algum tempo. Quando praticamos o segredo, logo percebemos mudanças na nossa vida e no nosso mundo. A ênfase passa por uma alteração fundamental. Algumas antigas crenças que costumávamos ter como certas simplesmente desaparecem. Surgem novas prioridades. Estruturas de referência obsoletas são substituídas por outras mais alegres e ficamos mais em harmonia com a vida.

O passado e o futuro surgem sob uma nova luz. Os relacionamentos se tornam mais significativos e amorosos. Nós nos sentimos bem com relação a nós mesmos e ao mundo, e nos sentimos à vontade no corpo. Com o tempo, isso se torna visível na nossa postura, no jeito como nos movemos e na nossa expressão facial. Temos mais saúde e bem-estar, e realizamos mais coisas com menos esforço.

Perguntas

No entanto, é realmente prudente confiar o tempo todo nessas sensações profundas do corpo? As sensações físicas podem ser nossa diretriz principal na vida? Não seria mais nobre seguir a nossa consciência, nos sacrificarmos por um ideal e fazer os outros felizes primeiro?

Todos fazemos isso espontaneamente quando estamos centrados no Dan-Tien. Ficamos mais conscientes das necessidades das outras pessoas e chegamos a padrões elevados. Somos delicados com os outros porque nos agrada, não por causa de um código de moralidade nem por temermos o castigo do inferno. Também gostamos de contribuir para uma causa digna.

Mas o que dizer de situações nas quais precisamos de autodisciplina e resistência para atingir uma meta? Quando estamos correndo ou esquiando, por exemplo, deveríamos desistir logo que sentíssemos alguma dor? Quando temos de executar uma tarefa desagradável, deveríamos parar e relaxar sempre que nos sentíssemos tensos? E quando queremos perder peso, deveríamos ceder aos nossos anseios físicos e continuar comendo?

No primeiro exemplo, quando estamos fazendo um esforço físico, podemos muito bem nos "sentir bem interiormente" enquanto certos músculos estão doloridos. Mas, se as nossas atividades esportivas não nos fizerem sentir bem interiormente, podemos nos perguntar se elas representam de fato uma recreação ou se estamos nos entregando a uma forma de autopunição. Podemos facilmente melhorar nossa forma física sem excesso de tensão, esforço ou autodisciplina, se escolhermos uma atividade que nos agrade. Podemos aumentar gradualmente a nossa força sem fazer um grande esforço. Algumas pessoas se mantêm em forma dançando, caminhando e nadando de vez em quando.

Quanto ao segundo exemplo, haverá ocasiões nas quais teremos de nos esforçar para terminar uma tarefa desagradável. Mas, se isso gerar sentimentos desagradáveis, podemos perguntar a nós mesmos se é a tarefa que está nos fazendo infelizes ou a nossa atitude diante dela. Será que julgamos ter escolhido a carreira errada? Antipatizamos com os nossos colegas ou odiamos o chefe? Ou nos esquecemos de descansar de vez em quando ou de abandonar uma postura tensa? Esses são os problemas que podemos perceber e eliminar se prestarmos atenção ao Dan-Tien.

No terceiro exemplo, quando queremos perder peso, o excesso de comida definitivamente pode nos fazer sentir mal no Dan-Tien, embora isso possa deliciar nossas papilas gustativas. É o nosso hábito de não dar atenção ao Dan-Tien que nos faz comer demais. A autodisciplina não é a resposta, já que não estamos conscientes das necessidades do corpo. Quando vivemos em sintonia com o Dan-Tien, sabemos o que é melhor para o corpo. Deixamos de nos sentir tentados a nos empanturrar com porcarias para compensar a sensação de vazio interior, falta de amor, ressentimento, solidão, inveja ou qualquer outra coisa. Somos livres para satisfazer a nossa vontade de viver de uma maneira mais natural e agradável. O mesmo se aplica a todos os outros vícios, desde o fumo, a dependência do trabalho e o alcoolismo à dependência de drogas legais ou ilegais.

Como Enfrentar os Problemas

Outra pergunta: não deveríamos enfrentar diretamente os problemas, mesmo que isso nos magoe? Não estamos fugindo de problemas e conflitos quando seguimos o Dan-Tien e procuramos desfrutar cada minuto? Não estamos tomando o caminho mais fácil quando olhamos apenas para o lado risonho da vida?

Muito pelo contrário: só quando nos sentimos bem interiormente podemos ter a certeza de que estamos enfrentando as questões certas da maneira correta. Quando apreciamos o que estamos pensando ou fazendo, sabemos com certeza que não estamos desperdiçando nosso tempo e que estamos fazendo bom uso das oportunidades que a vida nos oferece no momento.

Enquanto sentimos algum problema no Dan-Tien, podemos pressupor que a imagem que fazemos da realidade está distorcida, que estamos usando os conceitos errados, que a nossa escolha atual está errada ou que, de alguma maneira, estamos no caminho errado.

Essas são coisas que não aprendemos na escola ou em outro lugar. Na nossa cultura, não esperamos que as crianças se sintam bem. Em vez disso, elas são constantemente lembradas de que precisam se controlar, de que em primeiro lugar devem agradar aos pais e professores e de que precisam se esforçar para terminar a escola. Elas precisam ser obedientes e decorar tudo o que lhes é dito, para terem boas notas, sendo ainda ameaçadas de receberem castigo se não o fizerem. Quando deixam a escola, quase todas as crianças já perderam a curiosidade, a criatividade e a espontaneidade naturais.

As pessoas que foram programadas para não darem atenção aos seus sentimentos não tiram boas notas na escola da vida. Para passar nos exames da vida real elas precisam esquecer muitas coisas que aprenderam na escola e em outras instituições repressivas, e precisam redescobrir o Dan-Tien.

Prazeres Perversos

O que dizer então das pessoas que sentem um prazer perverso em roubar, torturar ou matar? O que dizer dos sádicos, dos masoquistas, dos estupradores e dos pervertidos sexuais? Não é verdade que a natureza os corrompe, recompensando-os com alegria por causa dessas estranhas atividades? Não são eles a prova efetiva do fato de que as nossas sensações profundas nos desencaminham? Como podemos confiar no conceito do Dan-Tien quando o nosso instinto de levar a cabo o que nos faz sentir bem pode ser tão errado?

Na verdade, o oposto é verdadeiro: essas pessoas perderam o contato com o próprio centro; são vítimas de emoções negativas reprimidas. Bem no fundo, elas estão confusas, frustradas e infelizes, embora possam não admiti-lo. Seus prazeres são de fato muito variados, são apenas substitutos insatisfatórios da verdadeira felicidade, são tentativas deploráveis de escapar de vez em quando de uma vida infeliz. Essa afirmação diz respeito a quase todo mundo, embora existam casos raros de insanidade incurável. Quase todo mundo desistiria de bom grado de seus "prazeres", se soubesse como obter os verdadeiros prazeres que acontecem naturalmente a qualquer pessoa que conheça o segredo do Dan-Tien.

Na verdade, temos de admitir que existe um "pervertido" em cada um de nós, porque todos perdemos o contato com o nosso centro de vez em quando. Todos, às vezes, somos dominados por emoções ou pensamentos "doentios". Nesses momentos, somos punidos pela natureza, sofremos e fazemos mal a nós mesmos e aos que nos cercam.

A perversão não pode realmente ser erradicada por leis e pela ameaça de tortura, de prisão, de morte ou de castigo no inferno. As pessoas só mudam quando recebem a oferta de recompensas mais tentadoras do que as que desfrutam no momento. Pessoas mal-orientadas e confusas só conseguem abandonar os seus prazeres pervertidos se se convencerem de que podem facilmente alcançar mais prazer.

Mas ninguém nunca mostrou a elas como usufruir a vida de maneira natural. Desde a infância, elas aprenderam que as boas crianças, os bons alunos e os bons cidadãos precisam desconsiderar seus sentimentos e suportar o sofrimento interior; que não devem pensar nem falar a respeito da parte inferior do corpo. Agora elas estão presas a hábitos negativos e afastadas do corpo, e procuram o prazer nos lugares errados.

Em vez de culpá-las, poderíamos tentar ensinar-lhes o segredo do Dan-Tien. Elas talvez se encantem e se tornem viciadas no prazer de apreciar cada minuto.

Frases Familiares

Podemos detectar estados negativos permanecendo conscientes do Dan-Tien. Podemos também "ouvi-los" prestando atenção à maneira como falamos. Quando falamos com nós mesmos ou com os outros, freqüentemente usamos frases familiares como "isso não vai ser fácil" ou "lá vamos nós de novo" ou "é assim que as coisas são".

Algumas dessas frases são pequenos e inofensivos vícios de linguagem, mas em outras podemos perceber certa conotação negativa. Algumas delas na verdade "não transmitem uma boa sensação". Podemos notar isso quando outras pessoas as usam. Por exemplo, se George diz "Estou fazendo tudo errado de novo", sabemos que ele caiu num estado negativo. Também podemos sentir isso por causa do tom de derrota na voz dele, da expressão facial, da respiração, da posição do pescoço e da cabeça, da postura e dos gestos. Quando Joan diz, "Odeio esse homem", também podemos pressupor que ela se encontra num estado negativo.

Em geral, é inútil destacar esse fato para pessoas que não estão familiarizadas com o conceito do Dan-Tien. Para elas, essas frases habituais parecem naturais e lógicas, expressam como elas se sentem a respeito das coisas "como elas realmente são". Através da sua estrutura mental negativa, elas estão atraindo problemas, conflitos, o fracasso e até o infortúnio. Quando o inevitável então acontece, elas dizem: "Viu, eu disse que essas coisas sempre acontecem comigo!"

E você? Algumas vezes você usa frases negativas dirigidas a si mesmo ou aos outros, frases tais como "Não tenho jeito para isso", "Eu poderia matar você", "Ninguém me entende", "Detesto isso",

"Isso sempre acontece comigo", "Vou me matar", "As pessoas são burras"?

Frases que contêm termos agressivos e imorais geralmente indicam estados negativos. Elas procedem de uma mente infeliz e têm a intenção de fazer acusações ou causar embaraços.

As pessoas que não estão familiarizadas com a prática do Dan-Tien poderão insistir em que essas frases são apenas formas inofensivas de desabafar. As expressões desagradáveis que envolvem o ato de urinar ou defecar, por exemplo, tendem a ser populares entre as pessoas que passaram por um duro treinamento na época em que tiraram a fralda. As expressões sexuais desagradáveis são usadas mais freqüentemente por pessoas que cresceram em sociedades puritanas. As blasfêmias são mais comuns entre os que se sentem inibidos pelo aspecto negativo da religião ou pela falsa moralidade.

Por conseguinte, todas essas frases são de alguma maneira justificadas. Mas as pessoas não se sentem bem no Dan-Tien quando as usam. Elas podem afirmar que estão se divertindo, mas, bem lá no fundo, sabem que estão infelizes consigo mesmas, com os outros e com a vida em geral.

Crenças Que nos Fazem Sentir Bem

Todas as grandes religiões contêm muita sabedoria. Todas também contêm certas armadilhas capazes de atrapalhar nossa busca de felicidade e sucesso. Precisamos ter em mente que as nossas crenças tradicionais evoluíram ao longo de tendências que se adequavam aos sistemas políticos e estruturas de poder dominantes. Com freqüência, as religiões oficiais eram dobradas e torcidas para se adaptarem aos interesses de certos governantes, déspotas, proprietários de terras, classes governantes ou grupos majoritários com direitos adquiridos. Outras crenças que não se adequavam ao sistema foram reprimidas ou eliminadas no decorrer dos séculos.

A Igreja Católica, por exemplo, torturou até a morte milhões de mulheres e confiscou-lhes as propriedades durante a Idade Média. Essas mulheres não se conformavam com os ensinamentos machistas de Roma. A religião hindu considera "sagrado" o sistema de castas porque preserva os privilégios das castas superiores. Os muçulmanos afirmam, com orgulho, que têm uma sociedade sem classes, mas tratam as mulheres como cidadãos de segunda classe. Quase todas as seitas budistas acreditam na tolerância política, mas exortam seus seguidores a cumprir seu dever, a obedecerem o governante, a suportar em silêncio a tristeza e o sofrimento da vida e a não esperar muito desta vida.

Muitas mitologias religiosas foram criadas ou organizadas para explicar e justificar as crenças que se adequavam a certos governantes. Deuses foram moldados à semelhança de reis, de dirigentes locais ou de déspotas. Os deuses opositores eram declarados satânicos, e seus seguidores perseguidos ou mortos. Nas religiões monoteístas e machistas do Ocidente, encontramos mitos que "provam" que o mundo foi criado por um deus do sexo masculino e que as mulheres são inadequadas e imorais. O hinduísmo tem muitos mitos que "provam" a inferioridade da Casta dos Intocáveis, afirmando que essas pessoas cometeram crimes em vidas passadas. Os textos budistas "provam" que o sofrimento e a infelicidade precisam ser aceitos como normais e naturais. Uma prece judaica para os homens permite que eles digam: "Obrigado, ó Deus, por me ter feito homem e não mulher." As escrituras muçulmanas "provam" que todo homem tem o direito e o dever de espancar a esposa se ele achar que ela se desviou do caminho do Alcorão.

Crenças semelhantes, porém mais sutis, podem ser encontradas em quase todas as organizações autoritárias, nas entidades militares, nos sistemas de ensino, nos negócios e também nas famílias. Elas geralmente estão ligadas a citações sábias e a verdades eternas que ninguém é capaz de contestar nem de pôr em dúvida. Cria-se então a impressão de que o mito também deve ser verdadeiro.

Como podemos separar as mentiras da sabedoria, o joio do trigo? Se fôssemos analisar intelectualmente todas as crenças relevantes, levaríamos toda uma vida. No entanto, por sorte, existe uma maneira mais simples: o nosso Dan-Tien é capaz de nos dizer se uma crença está ou não em harmonia com a vida. Quando uma crença ou costume não está de acordo com os nossos impulsos naturais e espontâneos, e nos faz sentir mal em vez de bem, podemos considerar esse fato como um sinal de advertência. Ao vivermos em sintonia com o nosso centro, podemos gradualmente eliminar os elementos não naturais de qualquer crença. Quando voltamos a nos sentir bem com relação às nossas crenças, estamos no caminho certo. Essa sensação agradável irá se refletir em tudo o que pensamos e fazemos, neste exato momento.

CAPÍTULO 15

À Vontade no Corpo

Harmonia Corporal

Não vale a pena continuarmos a pensar em coisas que não nos trazem uma sensação boa. As sensações desagradáveis no Dan-Tien invariavelmente nos dizem que de algum modo estamos no caminho errado. O mesmo é verdade com relação às nossas atividades cotidianas. Quando não nos sentimos bem quando andamos, estamos sentados ou respiramos, podemos pressupor que estamos fazendo essas coisas da maneira errada. O corpo então deixa de ser gracioso e de ter um desempenho máximo, e fica tenso e se debate por causa do conflito interior.

Podemos nos sentir tentados a pensar que na verdade não importa se apreciamos ou não essas "funções básicas do corpo". Afinal de contas, andamos para ir de A a B, nos sentamos para tirar o peso de sobre os pés e respiramos para levar oxigênio ao nosso sistema. Por que deveríamos esperar ter muito prazer com essas coisas?

Analogamente, podemos fazer ginástica, correr, praticar exercícios aeróbicos ou ioga para permanecer saudáveis e em boa forma, mesmo que consideremos essas atividades desagradáveis ou doloro-

Figura 22. Adquirimos o hábito de apreciar (quase) todos os minutos do dia.

sas. Podemos suportar tratamentos de beleza ou de cura destinados a prolongar a vida, ou ainda gastar grandes somas de dinheiro em *spas*, tentando rejuvenescer. Depois, voltamos para casa e vivemos como antes, ficando tensos e fazendo coisas de uma maneira que não apreciamos.

É fácil sair desse ciclo sombrio se seguirmos as mensagens sutis do nosso Dan-Tien. Pouco a pouco, podemos aprender a adotar uma forma agradável de andar, de sentar, de ficar de pé e de respirar, simplesmente nos examinando até nos sentirmos bem. Assim como podemos deixar de lado pensamentos ou emoções desagradáveis, também podemos abandonar posturas e hábitos de respiração inadequados. Sem a necessidade de programas ou exercícios especiais, podemos adquirir o hábito de apreciar (quase) todos os minutos do dia.

Ao fazer isso, também estamos exercitando o corpo sem praticarmos exercícios formais. Deixando simplesmente que o corpo funcione de uma forma natural e agradável durante dezesseis horas por dia, nós o mantemos em forma e saudável. Isso melhora automaticamente a nossa aparência e aumenta a nossa expectativa de vida. Com isso, diminuímos, ou até mesmo eliminamos, a nossa necessidade de remédios, de médicos, de *spas* e de seguro-saúde.

O Movimento Natural

As pessoas que vivem em contato com a natureza geralmente podem ser reconhecidas por causa da graça de seus movimentos e de sua postura majestosa. Seu andar é elástico, a coluna permanece reta porém flexível, e a cabeça se mantém em equilíbrio no alto da coluna. Olhando para elas, podemos sentir que estão felizes é à vontade no corpo.

Algumas vezes, quando caminhamos na natureza, também sentimos esse estado agradável. Mas, no dia seguinte, ao retomar a rotina diária em casa e no trabalho, logo perdemos novamente a harmonia.

Parece que, de algum modo, estamos sempre correndo, tentando estar em outro lugar, exercendo pressão sobre nós mesmos. Mesmo quando temos tempo suficiente, nós nos preocupamos com o futuro e retesamos o corpo nessa expectativa. Tendemos a estender impacientes a cabeça para a frente e nos esquecemos de respirar da maneira adequada.

Esse *stress* no corpo também deturpa a mente e cria pensamentos inúteis. Dizemos a nós mesmos, por exemplo, que precisamos fazer coisas que na verdade são irrelevantes ou perniciosas. Achamos que precisamos chegar a algum lugar e fazer isso e aquilo antes que possamos nos dar ao luxo de relaxarmos e nos sentirmos bem. Achamos que precisamos forçar o corpo a atingir uma meta artificial. Tão logo alcançamos essa meta, avançamos rumo à seguinte, e assim por diante. Acreditamos que essas metas justificam o nosso hábito de ficar tensos e sofrer.

Essa mentalidade, que é mais dominante no Ocidente do que no Oriente, torna quase impossível a paz de espírito e o prazer dos movimentos graciosos do corpo. Com o passar do tempo, ela deforma permanentemente a postura e provoca um *stress* destrutivo nas articulações e nos ligamentos, principalmente ao redor da coluna vertebral. Essa é a principal razão do aumento catastrófico dos problemas nas articulações e na coluna existentes na nossa sociedade.

É por isso que algumas pessoas da área da política e do *show business*, que precisam apresentar uma imagem favorável, freqüentam cursos especiais onde aprendem a se mover, a andar, a ficar em pé e a se sentar com graça e naturalidade. O Método Alexander, por exemplo, ensina as pessoas a deixarem a cabeça "flutuar" no alto da coluna, em vez de estendê-la para a frente. Depois, elas aprendem a relaxar o cabeça, o pescoço, a garganta e o ombro, e também a respirar a partir do diafragma, situado na base dos pulmões. Pouco a pouco, elas abandonam o hábito de se retesar e recuperam a confiança no corpo. O resultado é uma aparência mais dinâmica, graciosa e majestosa. Esse efeito também pode ser alcançado de outras maneiras, como, por exemplo, por meio da antiga técnica chinesa do Tai Chi Chuan, que mantém as pessoas em forma através de movimentos lentos, semelhantes a uma dança.

Como Verificar a Postura

Sempre que você não estiver à vontade em determinada postura, tente fazer algo, até que a sensação desagradável desapareça. Eis uma lista de pontos críticos:

- Incline os quadris e leve-os à posição "horizontal", até que os músculos do estômago relaxem. O anel formado pelo seu cinto deve ficar na horizontal, não inclinado para a frente ou para trás.
- Se uma tigela imaginária cheia d'água fosse pendurada no seu cinto, a água não se derramaria enquanto você estivesse em pé ou andando.
- Imagine que um fio está suspendendo você pelo alto da cabeça, de modo que a sua coluna está ereta e você tem a sensação de flutuar enquanto anda.
- Solte os braços ao longo do corpo a partir do ombro e relaxe o pescoço. Deixe os braços balançarem livremente enquanto você anda.
- De vez em quando, vire as mãos para a frente e para fora, o que faz com que a região superior da coluna se endireite e os pulmões se expandam.
- Equilibre a cabeça no alto da coluna, evitando incliná-la para a frente. Mantenha os olhos relaxados e em movimento, evite fixar o olhar.
- Procure exalar todo o ar e, depois, deixe que a inspiração aconteça normalmente. Os pulmões estarão vazios quando você não conseguir mais falar.

- Curve-se e faça um pouco de alongamento de vez em quando para manter o corpo jovem e a coluna flexível. Procure uma atividade agradável que possibilite que você se curve e se alongue o máximo possível, como a jardinagem, a dança, a natação ou os exercícios aeróbicos.
- Quando você sentir um agradável formigamento ao longo da coluna, saberá que encontrou o equilíbrio dinâmico adequado.
- Usufrua cada movimento.

Como Sentar-se com Conforto

Quase todas as pessoas hoje em dia passam pelo menos a metade do tempo sentadas – comendo, trabalhando, viajando, dirigindo, lendo, falando ou assistindo à televisão. Mesmo que nos movimentemos mais do que a pessoa comum, ainda assim passaremos diariamente horas na posição sentada. Por conseguinte, o melhor é garantir que essa posição seja um prazer, não um mal necessário.

A posição sentada não precisa causar dores, respiração superficial, postura arqueada, sensação de cansaço, pouco bem-estar ou desconforto. Essas coisas só acontecem quando não damos atenção aos sinais sutis oriundos do nosso corpo. Ao viver em harmonia com o Dan-Tien, podemos evitar maus hábitos ao sentar, assim como podemos evitar sofrimento ou pensamentos inúteis. A meta é sempre a mesma: evitar estados mentais ou físicos desagradáveis ou pouco naturais. A resposta é sempre continuar a explorar e mudar, até nos sentirmos bem de novo.

Podemos adotar hábitos "ativos" de sentar, em contraste com posições rígidas ou curvadas. Podemos redescobrir o instinto que nos diz qual a necessidade do corpo em qualquer momento. Podemos satisfazer a vontade de nos alongarmos, ou levantar e andar um pouco sempre que possível, ou conveniente. Se estivermos sozinhos, podemos até cantar e dançar de vez em quando, sempre que sentirmos que a mente e o corpo estão começando a se estagnar. Podemos até perguntar a nós mesmos se precisamos nos sentar. Freqüentemente, podemos fazer o trabalho em pé ou deitados!

Podemos aprender com as crianças. Elas ainda têm a coluna ereta, gostam de se sentar ou se agachar no chão e raramente ficam muito tempo na mesma posição. Elas ainda não têm os problemas nas costas que quase todos desenvolvemos mais tarde na vida. Os problemas de coluna raramente são hereditários; eles são resultado da má postura e da falta de exercício.

Se quisermos meditar ou praticar o zen, não precisamos nos torturar com posturas retorcidas. Embora as pessoas criadas no Oriente possam achar a posição agachada natural e confortável, os ocidentais podem alcançar o estado de união interior sentando-se normalmente. Uma solução é apresentada no Capítulo 6: sentar-se sobre dois travesseiros firmes e usar um terceiro para se recostar na parede.

Como Verificar a Posição Sentada

- Adquira hábitos "ativos" de se sentar; evite a estagnação. Você não tem de suportar posturas desconfortáveis; mude de posição de vez em quando até se sentir bem de novo.
- Tente encontrar uma cadeira que faça você se sentir à vontade por períodos mais longos. Se necessário, use almofadas firmes para colocar o corpo na posição correta.
- Mantenha o pescoço e os olhos relaxados. Um pescoço rígido e um olhar fixo são um indício certo de tensão e confusão mental.
- Quando se sentar à mesa para comer ou trabalhar, mantenha a coluna relativamente na vertical. Deixe a cabeça se equilibrar no alto da coluna e, sempre que possível, evite inclinar-se sobre o trabalho ou a comida.

- Em tudo o que fizer, lembre-se de que o seu centro de gravidade situa-se na pélvis, não na cabeça nem no peito. O simples fato de você estar consciente disso irá equilibrar a sua postura.
- Você está fazendo a coisa certa quando aprecia cada momento.

Por que tantas pessoas têm a coluna encurvada? Quando nasceram, sua espinha dorsal era normal; a curvatura se desenvolveu ao longo da vida. Mas por que elas iriam adotar uma postura que não é agradável, eficiente nem bonita? Será que estavam com medo de relaxar e aproveitar a vida, ou elas achavam que ficar tenso e fazer esforço é virtuoso?

Abandonar esse hábito e endireitar a coluna pode demorar, e exercícios para a coluna poderão ser úteis. No entanto, o mais importante é a convicção de que a boa postura traz uma sensação boa ao Dan-Tien porque ela é normal e natural.

É um Prazer Respirar

Quando pensamos e agimos em harmonia com a vida, sentimos a respiração como algo prazeroso. Sempre que notamos que a nossa respiração deixou de ser agradável e renovadora, perdemos parte da nossa harmonia interior. E quando sentimos que nossa respiração está tensa ou desagradável, podemos ter certeza de que estamos de algum modo no caminho errado, que estamos alimentando o sofrimento e que estamos tendo pensamentos inúteis ou perniciosos.

Se seguirmos os sinais do Dan-Tien, podemos achar o caminho que nos conduz de volta a um ritmo respiratório natural. Podemos tentar até que cada respiração nos traga de novo uma sensação boa. Quando fazemos alguma atividade ao ar livre, por exemplo, a nossa respiração tende logo a se normalizar. Principalmente quando caminhamos em locais que exibem uma beleza natural, respiramos profunda e ritmicamente, e a sensação de bem-estar logo retorna. O mais provável, porém, é que passemos grande parte do tempo dentro de algum ambiente criado pelo homem. Como podemos manter hábitos agradáveis de respiração nas condições da vida moderna?

A primeira coisa a lembrar é que só podemos nos sentir bem quando cada respiração tem origem na base dos pulmões, no abdômen, perto do centro de gravidade do corpo. As pessoas nervosas respiram a partir do centro do peito. As pessoas que perderam o contato com a vida e com o Dan-Tien respiram de maneira entrecortada a partir do ombro, e seu pescoço e músculos do rosto são tensos. Quando respiramos a partir do nosso centro, temos acesso a uma fonte inexaurível da energia vital Chi.

A tentação de respirar superficialmente é maior quando prestamos atenção em alguma coisa, quando nos concentramos numa tarefa ou quando estamos tensos por causa de um pensamento. Mas, tão logo acabamos com a tensão, damos um suspiro de alívio ou, se estávamos um tanto aborrecidos, expiramos convulsivamente, dando uma risada. É por isso que rir, cantar ou cantarolar nos leva de volta a um ritmo agradável de respiração.

Com que freqüência você expira no intervalo de um minuto enquanto está descansando? No caso da maioria dos adultos, o ritmo respiratório por minuto gira em torno de 15 a 20. Quanto maior o pulmão, mais lenta deveria ser a respiração. Depois de você ter adotado o hábito do Dan-Tien durante alguns meses, seu ritmo de respiração provavelmente cairá para 10 ou até menos.

Como Verificar a Respiração

A respiração tensa e irregular é sempre acompanhada de sofrimentos e pensamentos inúteis. Ao permanecer em contato com o Dan-Tien, você desenvolve hábitos agradáveis de pensamento, sentimento e respiração, e você passa a rir com mais freqüência.

- O riso faz com que você se sinta bem porque esvazia os pulmões e os conduz de volta a um ritmo respiratório natural.

- Cantar, cantarolar, dançar ou dar pulinhos também pode fazer com que você readquira o hábito de exalar todo o ar dos pulmões.
- Dê ênfase à expiração em vez de inspirar profundamente. Quando os pulmões estiverem realmente vazios, a inspiração segue-se com espontaneidade e prazer.
- A respiração feita a partir do abdômen, e não do peito, confere uma sensação boa e também estimula a digestão. A estagnação mental e física, bem como a prisão de ventre, são freqüentemente resultado de uma respiração artificial.
- O repouso e o sono também podem ajudar a normalizar a respiração, especialmente depois de períodos de tensão e confusão.
- Você está no caminho certo quando notar que aprecia cada respiração.

Como Dormir Bem

Passamos um terço da vida dormindo, e nosso bem-estar geral depende em grande parte de como dormimos. As noites agitadas, a insônia e o cansaço matinal podem diminuir bastante o prazer da vida.

É preciso uma boa noite de sono para rejuvenescer a mente e prepará-la para os desafios do dia. Usando um pouco de bom senso, podemos garantir que iremos acordar todas as manhãs nos sentindo bem e prontos para iniciar as atividades do dia.

Como Verificar o Sono

- Relaxe a mente e o corpo antes de adormecer. Estenda os membros e relaxe os músculos do corpo. Tenha pensamentos agradáveis e relaxe os olhos. Tente "expirar pela sola dos pés", como foi descrito no Capítulo 6.

- Procure dormir numa posição que faça você se sentir bem no Dan-Tien e à vontade no corpo. Você ficará surpreso ao descobrir que até na cama a sua postura pode afetar a maneira como você se sente.
- Coma pouco ou não coma nada durante as três horas que precedem a hora de dormir. O jantar deve ser leve e de fácil digestão. Muitos pesadelos e o cansaço matinal são causados por uma refeição pesada à noite.
- Beber líquidos durante o jantar pode causar fermentação e gases, o que pode perturbar o seu sono e fazer com que você se sinta tonto pela manhã.
- Você respirará mais facilmente durante o sono se limitar o uso de estimulantes, irritantes, condimentos e drogas. O álcool e a nicotina, principalmente, tendem a estreitar as vias respiratórias e provocar sentimentos de ansiedade à noite.
- A maioria das pessoas dorme melhor quando procura evitar se deitar sobre o lado esquerdo, pois isso pode impedir o fluxo de sangue para o coração.
- No caso das pessoas com excesso de peso, o estômago avantajado pressiona os pulmões tão logo elas se deitam, o que interfere na respiração. Essa é mais uma razão para que você se mantenha esbelto e coma pouco à noite. A refeição pesada ingerida pouco antes de ir para a cama é convertida principalmente em gordura, não em energia.
- Quando você dorme bem e acorda renovado na manhã seguinte, você se sente muito bem e não precisa de estimulantes como a cafeína ou a nicotina para animá-lo. A vida em si já é cheia de estímulos.

Os Alimentos e a Excreção

A cada respiração, recebemos oxigênio e também expelimos dióxido de carbono e outros produtos residuais. Do ponto de vista ecológico, isso tanto nos favorece quanto à vida vegetal que nos cerca. Todas as plantas e árvores precisam do dióxido de carbono éxalado pelos seres humanos e pelos animais, e elas, por sua vez produzem o oxigênio de que precisamos.

Esse processo de absorção e expulsão é vital. Nossa vida depende literalmente dele, e é por isso que a natureza retribui com alegria a respiração correta. Outro aspecto desse processo é o recebimento de nutrientes (comer), a assimilação dos alimentos (digerir) e a excreção dos produtos residuais (ir ao banheiro).

É claro que comer e beber é agradável. Mas o que dizer da digestão e da excreção? Mesmo nesse caso, a natureza tomou providências para que essas funções importantes sejam agradáveis, embora em menor grau. Só as pessoas doentes ou as que ingerem os alimentos errados consideram a digestão e a excreção desagradáveis ou dolorosas.

Quando o corpo não elimina regularmente os produtos residuais através dos pulmões por meio da expiração, através da pele por meio da transpiração e através das fezes e da urina quando vamos ao banheiro, logo começamos a nos sentir incomodados. Quando esses resíduos tóxicos se acumulam durante períodos mais longos, eles literalmente nos envenenam. Quase todas as doenças crônicas e as doenças da civilização se devem em parte, ou totalmente, à autointoxicação causada pelos produtos residuais do próprio corpo. Então, culpamos erroneamente as bactérias que proliferam nesses detritos como a causa de uma doença. Um corpo com excesso de comida e falta de exercício está invariavelmente repleto de venenos, e é por isso que algumas pessoas são mais saudáveis nos tempos difíceis do que em épocas de fartura e opulência.

Até recentemente, o tema da excreção era tabu, e as pessoas tinham vergonha até mesmo de admitir que iam ao banheiro. Mas, hoje em dia, podemos aceitar todas as nossas funções físicas como normais, desejáveis e agradáveis.

Passamos diariamente grande parte do tempo comprando ou produzindo alimentos, preparando-os e ingerindo-os. Isso se torna especialmente óbvio durante os períodos de jejum, quando descobrimos que não temos "muita coisa para fazer" na maior parte do tempo, e que temos muito mais horas à nossa disposição. Nessas ocasiões, percebemos o quanto a nossa vida gira em torno das nossas necessidades e prazeres físicos, e quão pouco cultivamos as alegrias mais sutis que a vida oferece.

Dançar é Divertido

Desde o início dos tempos, homens e mulheres sempre gostaram de dançar ao som de uma bela música. Acontece que a dança também é a maneira ideal de manter a forma. Enquanto a maioria dos outros exercícios nos faz ficar cansados ou entediados mesmo antes de começarmos, a dança é divertida. Normalmente, dançaríamos com um parceiro, mas, se não houver ninguém por perto, também é divertido dançar sozinho. As crianças fazem isso o tempo todo, numa pura manifestação de alegria e vitalidade.

No entanto, precisamos realmente de todo esse exercício? Os especialistas concordam em que precisamos nos manter ativos. O corpo não foi projetado para uma vida sedentária ou estacionária. Se não nos exercitarmos pelo menos quinze minutos cerca de uma vez por dia, a gordura se acumula nos tecidos, nas veias e ao redor do coração e de outros órgãos. A circulação do sangue fica preguiçosa, a respiração se torna superficial e o metabolismo começa a se estagnar – e a nossa mente se torna inquieta e ineficiente durante esse processo. É desnecessário dizer que tudo o que acabo de descrever também não melhora a nossa aparência. O que chamamos de "boa aparência" é, em grande parte, uma questão de pele, cabelo e dentes saudáveis, e de uma postura adequada e boa forma física em geral.

Nadar de vez em quando, caminhar ou freqüentar a academia de ginástica pode ser uma boa idéia, mas de que o corpo realmente precisa é de um vigoroso estímulo diário. A maneira mais fácil de fazer isso é dançar em casa ou em outro lugar, sozinhos ou acompanhados. A melhor maneira de criar o ritmo correto e uma atmosfera alegre é tocar uma música animada. Dar pulinhos de um lado para o outro, numa espécie de passo duplo, já resolve: direita-esquerda, esquerda-direita, direita-esquerda, esquerda-direita. Os movimentos fluem com facilidade a partir do centro de gravidade, do Dan-Tien.

No primeiro dia, podemos ficar sem fôlego durante alguns minutos, mas pouco a pouco a nossa condição melhora, e depois de um mês nos perguntamos como pudemos estar tão fracos no início. Não é preciso forçar o corpo, mas as pessoas com problemas cardíacos ou outras doenças devem primeiro consultar o médico.

Para fugir à rotina, podemos inventar nossas próprias danças e acrescentar aqui e ali alguns movimentos de alongamento. Podemos balançar os braços e as pernas de várias maneiras, girar o tronco e o pescoço de acordo com o ritmo. O corpo nos dirá quais os pontos fracos que precisam ser fortalecidos. Podemos cantarolar ou cantar se tivermos vontade. Se começarmos hoje, notaremos a diferença em poucos dias, e logo recuperaremos a forma e a vitalidade que tínhamos quando crianças.

Dan-Tien: Melhor do que as Drogas

As pessoas usam drogas por duas razões: para se sentirem bem ou para acabar com o sofrimento. As pessoas usam drogas para ficarem animadas quando estão entediadas, para terem paz de espírito quando se sentem frustradas, para relaxar quando estão tensas e para se sentir felizes quando estão infelizes. Isso é verdadeiro com relação a todas as drogas, legais ou ilegais, inclusive o álcool, o Prozac, a maconha, o haxixe, o LSD, o ópio, a cocaína e a heroína. O efeito não é duradouro, é claro, e doses cada vez mais fortes se fazem necessárias para que as pessoas permaneçam num estado alterado de consciência.

A necessidade de drogas surge porque não aprendemos na nossa sociedade a nos sentirmos bem sem essas muletas químicas que nos ajudam a manter um estado de harmonia interior. Tentamos eternamente dominar o ambiente e manipular a mente/corpo com a nossa mentalidade voltada para o exterior. Somos vítimas indefesas do sofrimento e de padrões de pensamento nocivos. No nosso desespero, voltamo-nos para substâncias químicas que têm a propriedade de alterar a mente e as quais, segundo dizem, nos fazem sentir bem de novo.

Diz-se que as drogas ajudam as pessoas tensas e inquietas a relaxar e a encontrar a si mesmas, a descartar falsas identidades e a vencer a inibição. Elas prometem ajudar as pessoas solitárias a vencer o sentimento de separação. Diz-se que elas ajudam as pessoas desajustadas a encontrar suas raízes.

A maior parte das drogas são usadas para diminuir a tensão e ajudar as pessoas a conviver com o *stress* do dia-a-dia. Os vendedores, que passam o dia tentando persuadir as pessoas, anseiam por um drinque forte depois do trabalho para poder relaxar. Os intelectuais tomam LSD para se libertarem das suas estruturas mentais artificiais. Os jovens da classe média fumam maconha para se livrarem da falsa identidade sofisticada e da preocupação dos pais com valores superficiais.

Um número cada vez maior de pessoas acredita que existe uma substância química para cada problema. Apenas nos Estados Unidos, três toneladas de aspirina são tomadas diariamente, e são dadas 120 milhões de receitas de drogas psicoativas; 30 milhões de americanos tomam tranqüilizantes e 20 milhões tomam estimulantes. Os americanos gastam mais de 140 bilhões de dólares ($140.000.000.000) com drogas ilegais por ano. Isso inclui 180 toneladas de cocaína, 12 toneladas de heroína e mais de 30.000 toneladas de maconha. As conseqüências do abuso das drogas legais são ainda mais graves:

quatrocentos mil americanos morrem por ano em decorrência do fumo e cem mil em decorrência dos efeitos da bebida.

Quase todos os viciados acham que as drogas representam a única maneira pela qual podem resolver os problemas individuais ou sociais, lidar com as pressões da vida moderna e ser "eles mesmos". Mas as drogas só conseguem substituir uma coisa artificial por outra, e elas interferem nas forças de auto-equilíbrio da mente e do corpo. As drogas só podem ser benéficas nas mãos dos que podem usá-las ou deixá-las de lado. Mas essas pessoas preferem não se incomodar com elas, pois têm acesso à "coisa real", à harmonia interior que alcançam quando vivem em sintonia com o Dan-Tien.

Quanto mais artificial e violenta se torna uma sociedade, maior o número de alcoólatras e viciados em drogas que ela tende a produzir. Raramente o vício é a causa de males mentais e sociais, e, sim, um sintoma e um sinal de advertência. Ele nos diz que a nossa cultura, o nosso conceito de mundo e o nosso modo de vida perderam o contato com a origem central da vida. Eis uma lista de outros sintomas:

Enfatizamos exageradamente o intelecto à custa da intuição sutil. Nós nos preocupamos com a realidade exterior e os valores superficiais, e negligenciamos o nosso potencial criativo interior. Temos a tendência de pensar em função do e-ou, da luta e do conflito, e somos incapazes de resolver dicotomias e problemas. Preferimos os valores masculinos (Yang), os esportes e a diversão violentos e as divindades masculinas, em detrimento dos valores femininos (Yin), do prazer da natureza e da apreciação da "Mãe Terra". Nossa atitude diante do corpo é hostil e nossa medicina é mecanicista. Não usamos poderes interiores de cura. Negligenciamos nossa necessidade de amor e afeição profundos, e encaramos o sexo como um esporte ou diversão, ou ainda como um bem negociável. Preferimos as estruturas sociais artificiais, que são controladas a partir de cima, de acordo com o modelo patriarcal, em vez de deixar que as estruturas orgânicas e democráticas se cristalizem a partir do interior.

Em resumo, encontramos aqui todos os indícios de uma sociedade que torna difícil para a pessoa viver em sintonia com o Dan-Tien.

A Saúde Mental e dos Dentes

Quando vivemos em harmonia com o Dan-Tien, adquirimos o hábito de apreciar cada minuto. Assim como podemos aprender a andar de bicicleta, nadar ou escovar os dentes, também podemos aprender a manter a mente e o corpo em forma, em ordem e livre do sofrimento.

O paralelo entre escovar os dentes e limpar a mente é de fato extraordinário. Há cerca de vinte anos, um dentista americano[1] desenvolveu um método destinado a eliminar totalmente a cárie dentária e os males da gengiva. Todos os seus pacientes, que chegavam a vinte mil na época, ficaram livres de problemas dentais pelo resto da vida, tendo de ir apenas duas vezes por ano ao dentista para a remoção do tártaro e da placa bacteriana. Adotei pessoalmente o método e escrevi um livro a respeito do assunto há dez anos, e nunca tive problemas com os dentes desde então.[2]

Por acaso, a classe ligada à odontologia parabenizou-o pela sua extraordinária conquista e procurou aprender mais a respeito do método? Longe disso. Ficaram com medo de perder seus lucrativos rendimentos e tentaram impedir que ele continuasse a exercer a profissão. Ele foi processado pela American Dental Association pela "prática de uma especialidade não reconhecida", ou seja, pela prevenção. Felizmente, isso resultou numa grande publicidade e ele foi convidado a aparecer em dezenas de programas de rádio e de televisão. Ele também escreveu centenas de artigos e vários livros sobre o assunto.

Quando entrevistei dentistas em vários países enquanto fazia pesquisas para o meu livro, deparei com o mesmo ressentimento e inveja profissional. Muitos dentistas ficaram zangados quando ouvi-

1. Robert O. Nara, *Dental Self-Sufficiency* (Lake Linder, MI: Oramedics, 1975). Se você quiser uma cópia, escreva para R. R. 1, Box 112, Lake Linder, MI, 49945.
2. Christopher Markert, *So Pflege ich meine Zähne* (Munique, Alemanha: Goldman Verlag, 1983).

ram falar do método, e nenhum quis saber como ele funcionava. Eles queriam apenas continuar a fazer o que sempre fizeram, embora soubessem que seus pacientes iriam perder dente após dente, até que tivessem de colocar dentaduras caras.

Esses direitos adquiridos também atuam no campo da psicologia, e o livro que você está lendo agora será condenado pela maioria dos psicólogos porque ensina as pessoas a apreciar a vida sem a ajuda deles. A auto-suficiência e a autoconfiança não são boas para os negócios, e abalam o prestígio dos "especialistas". Os psicólogos, assim como os dentistas e os médicos, gostam de acreditar que seus métodos são infalíveis e insubstituíveis, mesmo quando tratam apenas os sintomas e o paciente não tem nenhum benefício no final.

CAPÍTULO 16

A Feliz Criança Interior

A Redescoberta da Criança Interior

Quando vivemos em sintonia com o Dan-Tien, ficamos naturalmente em harmonia com as crianças, porque estamos em contato com a criança interior. Para redescobri-la, não precisamos analisar e explicar a nossa infância. Não é tanto o passado que importa, mas, sim, a nossa atitude atual com relação a ele.

Como nos sentimos a respeito da infância e das crianças em geral? Se tivermos o hábito de rejeitar nossa infância, também podemos ter sentimentos confusos a respeito das crianças. Talvez tenhamos sido influenciados por certas teorias e práticas que predominam na nossa cultura. Talvez achemos que a nossa maneira habitual de lidar com os bebês, e de criar e educar as crianças, seja adequada.

No entanto, à medida que começamos a viver mais em harmonia com o Dan-Tien em todas as áreas da vida, podemos começar a duvidar de certas coisas que agora temos como certas. De vez em quando, podemos deparar com idéias e práticas que não "parecem boas". Gradualmente, talvez queiramos substituí-las por outras que estão mais em sintonia com a natureza humana. Isso possibilitará

Figura 23. Ficamos naturalmente em harmonia com as crianças.

então que apreciemos as crianças em geral e a criança interior em particular.

As Crianças no Extremo Oriente

As pessoas no Extremo Oriente vêem as crianças sob uma luz diferente. A vida delas gira em torno da família, não do indivíduo e das suas realizações. As crianças são a essência da família, não um acréscimo a ela. Lin Yutang, sino-americano contemporâneo, comparou as sociedades ocidental e oriental e chegou à seguinte conclusão: "Pareceu-me que o teste final de qualquer civilização é: que tipo de marido, esposa, pai e mãe ela produz? Diante da simplicidade da pergunta, todas as outras conquistas da civilização – a arte, a filosofia, a literatura e a vida material – perdem a importância e se tornam insignificantes."[1]

O famoso I Ching, a "Bíblia" do Extremo Oriente, trata, na verdade, de uma família com pai, mãe, três filhos e três filhas, e do relacionamento de uns com os outros. Na Bíblia ocidental, temos um universo criado por um pai solteiro cujo filho também é solteiro. Partes da nossa Bíblia nos ajudam a compreender e apreciar as crianças. Outras fazem o oposto, e algumas delas nos fazem estremecer. Podemos sentir que elas se originaram de pessoas que condenavam as crianças porque odiavam a si mesmas. Enquanto Jesus apreciava a companhia das crianças e recomendava aos seus seguidores que fossem como as crianças se quisessem entrar no Reino dos Céus, a cultura ocidental como um todo reflete uma atitude bastante diferente. São Paulo ensinou que as crianças vêm ao mundo como pecadores porque são o resultado do pecaminoso ato sexual. Até hoje muitas pessoas no Ocidente acham que as crianças são pequenos selvagens e pecadores que precisam ser guiados através de uma rígi-

1. Lin Yutang, *The Importance of Living* (Londres: Wm. Heinemann, 1938), p. 149.

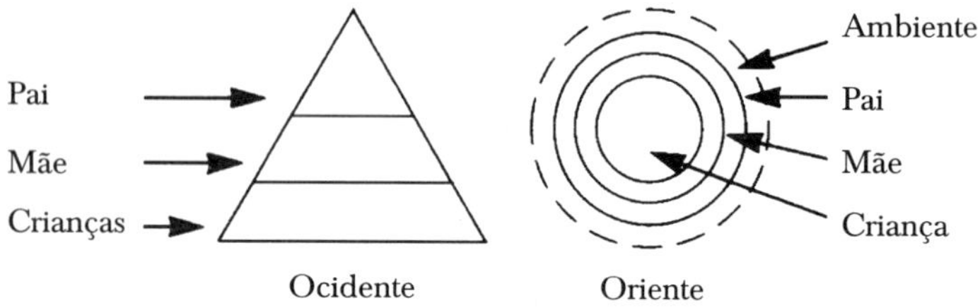

Figura 24. A família no Oriente e no Ocidente.

da disciplina, de uma vida espiritual e da ameaça de serem punidas até se tornarem verdadeiros cristãos.

No Extremo Oriente, a família lembra um círculo com a criança no centro, enquanto no Ocidente, a família se parece mais com uma pirâmide com as crianças na parte de baixo (ver figura 24).

Crianças Felizes

A atitude do Extremo Oriente com relação às crianças também é partilhada pela maioria das tribos da América do Norte e da América do Sul, cujos remotos ancestrais migraram da Ásia. Quando os índios americanos se viam pela primeira vez diante dos colonizadores, freqüentemente ficavam horrorizados com a forma cruel e desumana pela qual os brancos tratavam os filhos.

Há alguns anos, uma antropóloga americana[2] fez um estudo semelhante com os índios da Venezuela. Em florestas longínquas, ela deparou com tribos que nunca tinham visto o homem branco. Os índios levavam uma vida simples, semelhante à que associamos à Idade da Pedra. Mas o que impressionou a antropóloga foi a sua inexplicável felicidade. Qual era o segredo deles? Estariam usando uma droga até então desconhecida? A religião deles era de alguma

2. Jean Liedloff, *The Continuum Concept* (Nova York: Warner Books, 1977).

maneira especial? Eles haviam desenvolvido uma estrutura social extremamente harmoniosa?

Essas pessoas pareciam gostar de tudo o que faziam, até mesmo das tarefas mais árduas, e dificilmente discutiam uns com os outros. Quando o trabalho tinha de ser feito, ninguém parecia estar no comando, mas, de algum modo, o trabalho era realizado espontaneamente. Enquanto os membros da expedição se preocupavam, discutiam, xingavam e freqüentemente sofriam, os índios continuavam a exibir essa "irracional" felicidade.

Eles pareciam livres da "frustração do dia-a-dia" e dos sintomas neuróticos que consideramos normais nas sociedades ocidentais. Cada vez mais impressionada, Liedloff, a antropóloga, os observava dia após dia, semana após semana, tentando descobrir a razão do comportamento "anormal". Certo dia, enquanto ela fazia anotações, observou de repente algo a respeito dos bebês índios.[3] Eles não eram os pirralhos hiperativos, os incômodos e barulhentos pacotes de frustração aos quais ela estava acostumada em Nova York, sua cidade natal. Em vez disso, ela estava diante de crianças tranqüilas e sorridentes.

Por que eles sorriam? Aparentemente, porque eram tratados de um modo especial pela mãe e pelos outros membros da família e da tribo. Durante o dia, a mãe os carregava nas costas a maior parte do tempo, enquanto se dedicava às tarefas cotidianas. Quando o bebê ficava inquieto, ela o acalentava e amamentava. À noite, ele dormia perto da mãe e do pai, na mesma cama. Desse modo, ele crescia numa atmosfera de contínuo amor e contato.

Ao nascer, o bebê não foi exposto a luzes fortes, a vozes estridentes e a desinfetantes químicos. Ele não foi segurado por um ginecologista (é importante frisar: do sexo masculino) que lhe deu uma palmada para que chorasse. Depois do parto, ele não ficou isolado numa sala ou cubículo de plástico, abandonado, para suportar sozinho o terror da solidão. Mais tarde, não foi mantido num berço ou carri-

---

3. Liedloff, p. 18.

nho de bebê durante horas intermináveis. Quando ele chorava e se contorcia de dor, de fome ou solidão, ele nunca foi propositadamente deixado sozinho para que desenvolvesse a voz ou se acostumasse à dura realidade da vida.

Por conseguinte, ele sentiu profundamente que podia confiar nos outros, que era amado e apreciado pelas pessoas que o cercavam. O mundo era um lugar bom para se nascer e também se viver. Um bebê como esse tentará espontaneamente agradar aos outros e logo se transformará num alegre membro da família e da tribo.

Ao crescer, ele não sentirá o desejo irracional de reconhecimento e satisfação do ego, tão comum entre as pessoas das sociedades ocidentais que sofreram da privação materna. Ele não será impelido pelo desejo obsessivo e exaustivo de acumular uma grande fortuna, de colecionar um número cada vez maior de títulos acadêmicos ou medalhas militares, nem de alcançar cada vez mais fama e poder para satisfazer o anseio do amor e reconhecimento que ele não teve quando bebê. Em vez disso, ele se tornará um adulto feliz, sensato e responsável, e uma mãe ou pai amoroso.

As pessoas que são criadas dessa maneira sabem instintivamente como criar os filhos. Ao contrário dos pais nos países "civilizados" que perderam essa autoconfiança, elas não precisam de livros nem do conselho de especialistas sobre como criar crianças felizes.

Liedloff menciona, *en passant*, que a tribo que ela estudou tem uma estrutura social "matrilinear", ao contrário da sociedade patriarcal ocidental na qual ela nasceu.[4] Ela observou que, quando um jovem casal de índios decidia morar junto, o homem geralmente se mudava para a casa da família da mulher. Costumes semelhantes também são encontrados entre a maioria dos índios norte e sul-americanos, e também no Tibete. A vida familiar nessas tribos tende a se concentrar ao redor da mãe, e as crianças geralmente se sentem mais apegadas ao clã materno. O papel do pai também é importante, mas ele passa a maior parte do tempo na floresta, caçando, pescando e fazendo explorações.

4. Liedloff, p. 22.

Essas tribos não precisam de uma ordem social fixa ou imposta de cima por um poderoso líder autoritário, e normalmente não acreditam num deus todo-poderoso do sexo masculino. Em vez disso, as pessoas vivem juntas numa organização familiar mais ou menos espontânea e orgânica, baseada em laços de sangue, afeição mútua e conveniência.

Liedloff notou uma exceção nesse mundo idílico. Certo homem freqüentemente andava a esmo, de cenho franzido, sem apreciar a maior parte das atividades comunitárias. O fato é que ele havia sido criado numa escola missionária na cidade mais próxima. Lá, ele teve de seguir regras severas e uma rígida programação de trabalho. Conseqüentemente, ele perdera a iniciativa e desenvolvera certa aversão pelo trabalho. Agora a tribo sentia pena dele, mas todos esperavam que ele logo redescobrisse a alegria de trabalhar com os outros.[5]

O Parto sem Violência

No Ocidente, temos como certo que o parto é uma experiência traumática. Os bebês nascem berrando, com o rosto contorcido por causa do terror de serem empurrados para fora do útero protegido para um mundo de dura realidade. Psicólogos como Arthur Janov construíram toda uma teoria em torno da experiência do parto. Ele deixa seus pacientes reviverem o parto e reencenarem o "grito primordial". Ele diz que isso os ajuda a se livrarem da angústia reprimida e de outros sofrimentos acumulados, e também a se livrarem de problemas e neuroses. Essa é uma variação da perspectiva freudiana e possui as mesmas limitações dela, como foi mencionado no Capítulo 13.

Mas o trauma do nascimento não precisa ser curado – se puder ser evitado. Foi isso o que descobriu um médico francês. Em suas viagens pela Índia, o dr. Frederick Leboyer observou que os bebês nasciam felizes, sorridentes e, às vezes, efetivamente riam em poucas

5. Liedloff, pp. 22, 112.

horas. Em sua obra clássica *Birth Without Violence*,[6] ele descreve e ilustra com fotos como os bebês nascem docemente num ambiente pouco iluminado. Eles então são imediatamente colocados sobre a barriga da mãe, onde se sentem aquecidos e em segurança. Mais tarde, vão tomar um banho de água morna.

Durante meses, a mãe se preparou para o parto através de exercícios, de uma alimentação especial e da meditação. No momento do parto, ela não está drogada nem imobilizada numa mesa de operação, como é usual no Ocidente. Depois do parto, ela não é deixada semidrogada, com uma sensação de vazio, impedida de tocar e segurar o próprio filho.

O Aprendizado sem Esforço

À semelhança dos filhotes de gatos, as crianças são naturalmente curiosas. Elas querem aprender coisas importantes. Elas importunam os pais o tempo todo com "perguntas tolas". Elas querem saber de onde viemos, por que o céu é azul, por que os adultos fumam, por que algumas coisas flutuam na banheira enquanto outras afundam, por que as meninas são diferentes dos meninos, por que o arco-íris é colorido e por que elas têm que ir para a cama à noite. Esse é o tema da biologia, da física, da química, da história e de outras matérias da escola. Nada poderia fazer as crianças mais felizes do que ter essas coisas explicadas a elas, de acordo com o seu nível e o ritmo do seu progresso.

As crianças também aprendem seguindo o exemplo das pessoas que elas amam e admiram. Elas rejeitam automaticamente o conhecimento que vem de pessoas das quais elas não gostam. O que elas aprendem com a maioria dos professores da escola, sob coerção, é memorizado de má vontade, mas não se integra realmente no repertório de conhecimento útil e prático delas. Após alguns anos de ins-

6. Frederick Leboyer, *Birth Without Violence* (Nova York: Alfred Knopf, 1975).

trução coerciva, elas perdem o anseio natural de assimilar os fatos essenciais e usar a mente de uma maneira criativa.

A idéia de que o aprendizado pode ser divertido e o ensinamento pode ser realizado sem coerção foi demonstrada pelas inúmeras escolas fundadas por A. S. Neill, Rudolf Steiner e outros. Tão logo os professores aprendem a apresentar o material de uma forma interessante, quase todos os alunos passam a considerar a ida à escola um privilégio e um prazer.

Descobriu-se que as crianças que freqüentam essas escolas livres se tornam mais criativas, motivadas, autoconfiantes e responsáveis mais tarde na vida. Elas aprendem com facilidade e sabem como reunir informações relevantes. Elas são mais delicadas e voltadas para os outros, e estão prontas a participar das atividades comunitárias.

Nem tudo na vida pode ser divertido, é claro, e as crianças também devem aprender o valor da paciência, do trabalho árduo e da disciplina. Elas precisam saber como se esforçar e competir quando necessário, e também a suportar a tensão física e mental temporária. No entanto, torná-las habitualmente tensas, dia após dia, ano após ano, só as torna frustradas e as transforma em adultos desequilibrados ou neuróticos. Elas não mais conseguem pensar e agir espontaneamente a partir do centro. Elas não sabem que a mente e o corpo humanos são mais eficientes e bem-sucedidos quando funcionam com naturalidade e alegria.

Figura 25. Atuamos em harmonia com a natureza e temos acesso à energia cósmica vital.

CAPÍTULO 17

Tudo se Encaixa

A Experiência Oniabrangente do Dan-Tien

Quando não estamos centrados no Dan-Tien, tudo se transforma em esforço, e nada funciona bem. Notamos que isso acontece não só na vida prática do dia-a-dia, mas também em todas as outras áreas do nosso mundo, na vida social, na vida amorosa, no trabalho, na saúde, na religião, na política, etc. Mas, quando encontramos novamente o equilíbrio, tudo de repente passa a fazer sentido, e as peças do quebra-cabeça se encaixam nos devidos lugares.

Podemos agora pintar um quadro de como pensamos e sentimos quando vivemos em contato com o Dan-Tien, com relação à mente e ao corpo, ao intelecto e à intuição, à mente consciente e inconsciente, à teoria e à prática, à atividade e ao repouso, aos pensamentos e sentimentos, ao masculino e ao feminino, ao pai e à mãe, à direita e à esquerda, à cultura e à natureza, etc.

Indícios de uma Vida Centrada

Somos beneficiados por uma interação contínua e criativa entre os pensamentos e os sentimentos. Nossa mente subconsciente se torna um amigo e uma fonte de energia vital e inspiração. Temos um bom relacionamento com o corpo e nos sentimos à vontade nele. Sabemos que a saúde mental e física andam juntas. Raramente somos perturbados por doenças psicossomáticas e achamos as funções do corpo agradáveis. Por conseguinte, procuramos praticantes da cura que cooperam com o corpo e sabem como mobilizar as forças inerentes a ele, em vez de agredi-lo com substâncias químicas e cirurgia.

Estamos em contato tanto com o nosso mundo interior quanto com o exterior, e sabemos como conciliá-los. Atuamos em harmonia com a natureza em vez de contra ela, e temos acesso à energia cósmica vital. Conseguimos nos recuperar rapidamente dos períodos de tensão ou doença.

Sabemos que a teoria e a prática são as duas faces de uma mesma moeda, que elas se completam e realçam mutuamente. Ajustamos a teoria sempre que ela demonstra ser pouco prática, e melhoramos a nossa prática prestando atenção à teoria. Obtemos resultados práticos sem esquecer os nossos princípios.

Sabemos como criar o "Céu na Terra", nesta vida, harmonizando as qualidades celestes e terrestres dentro e ao redor de nós, aqui e agora. Embora os nossos ideais sejam elevados, temos os pés no chão. Nossas aspirações são sublimes e também usufruímos as bênçãos da Mãe Terra.

Apesar de apreciarmos os benefícios da cultura, só estamos interessados no tipo de cultura que está em harmonia com a natureza. Preferimos um modo de vida que seja culto de uma maneira natural. Nós nos sentimos bem nos ambientes naturais, cercados por plantas e animais. Por sermos produtos da natureza, gostamos de ver a cultura como uma expressão bem evoluída da natureza.

Sabemos que os homens e as mulheres foram feitos para se apreciarem mutuamente, que eles se complementam em suas respectivas funções. Eles são as duas faces de uma mesma moeda, e cada um tem seus pontos fortes e fracos. Os dois são "bons" quando estão em harmonia um com o outro, e ambos exibem seus aspectos negativos ou corrompidos quando essa harmonia é perdida. Encontramos a mesma polaridade na relação entre pai e mãe, na qual cada um tem sua respectiva função vital na criação dos filhos.

Compreendemos que a mente funciona melhor quando os hemisférios direito e esquerdo do cérebro estão em harmonia. Com relação à direita e à esquerda na política, sabemos que os dois lados do espectro político possuem funções válidas, que ambos são necessários numa comunidade saudável. Precisamos cultivar tanto as metas e interesses privados quanto os comuns. Na sociedade ideal, a iniciativa individual e a social coincidem, visando o benefício mútuo. Nem o puro socialismo nem o puro capitalismo privado são capazes de oferecer todas as respostas e satisfazer todas as necessidades humanas.

No que diz respeito à relação entre o governo e as pessoas, sabemos que cada um tem suas funções vitais, seus pontos fortes e fracos. O governo é responsável por coordenar e defender a comunidade, e as pessoas estabelecem o caráter geral e fornecem o apoio material.

Da mesma maneira, compreendemos que precisamos do Dan-Tien para estabelecer o caráter geral de todas as coisas que pensamos e fazemos, e que precisamos da cabeça para lidar com os detalhes e com o mundo que nos cerca.

Sabemos, a partir da experiência, que alcançamos automaticamente todos esses benefícios quando nos sentimos bem no Dan-Tien. Não precisamos acreditar numa teoria ou crença para saber disso. Em qualquer momento, podemos provar para nós mesmos que o Dan-Tien está presente e faz maravilhas se o permitirmos.

O Significado da Vida

Os seres humanos precisam sentir que a vida tem significado. Sem isso, a vida se torna triste ou mesmo insuportável. Se eles consideram a própria vida e a vida dos outros como desprovidas de sentido, não podem ser felizes como indivíduos nem como membros de uma sociedade.

Quando vivemos em sintonia com a energia cósmica vital através do Dan-Tien, tudo o que pensamos e fazemos passa a ter significado. Tudo à nossa volta e dentro de nós parece permeado pelo Chi e a vida parece ter um objetivo cósmico. Não se trata de uma crença ou de fé, e, sim, de uma experiência espontânea.

Mas assim que perdemos o contato com o Dan-Tien, nós nos sentimos perdidos num universo sem sentido. "A maioria dos homens leva uma vida de silencioso desespero", afirma Henry David Thoreau.[1] Victor Frankl escreve, em *Man's Search for Meaning*, que a sobrevivência de uma pessoa numa situação de desespero depende da crença dela no significado da vida.[2]

Por essa crença ser vital, as pessoas freqüentemente se apegam desesperadamente a qualquer fé ou teoria, por mais irracional que seja, desde que pareça conferir algum significado à vida delas. Os livros de história e os jornais estão repletos de exemplos.

Os pobres podem achar que ficar rico é o objetivo da vida. No entanto, após anos de luta, quando eles têm uma casa, dois carros e três contas bancárias, não se sentem mais felizes e se voltam para o álcool ou para as drogas. Os jovens podem achar que crescer é o objetivo da vida. Mas, quando crescem, descobrem que a vida continua sem sentido. Há relativamente pouco tempo, a massa desesperada de muitos países se apegava a ideologias que prometiam um destino glorioso através do fascismo ou do comunismo. Ao longo da história, as pessoas acreditaram cegamente nos que afirmavam que conheciam a palavra de Deus e o significado da vida, principalmente se isso atendia aos seus interesses egoístas. Os hindus da Índia acreditam que a vida é uma triste ilusão, e anseiam por serem liber-

1. Henry David Thoreau, *The Portable Thoreau* (Londres: Penguin, 1977), "Economy", p. 263.
2. Victor Frankl, *Man's Search for Meaning* (Nova York: Simon & Schuster, 1984).

tados tanto desta vida quanto das encarnações futuras. Muitos pais sofrem e lutam durante a vida só para terem filhos que sofrem e lutam para ter filhos, e assim por diante.

No entanto, quando as pessoas descobrem o segredo do Dan-Tien, elas sentem que existe um significado em tudo o que pensam e fazem. Cada minuto encontra a própria realização. Cada minuto é um pequeno tesouro que as liga à origem da vida e é delas para sempre.

Bibliografia

Benedict, Ruth. *Patterns of Culture.* Nova York. 1935.

Bolen, Jean Shinoda. *The Tao of Psychology.* Nova York: Harper & Row, 1979.

Brown, Barbara B.: *New Mind, New Body.* Nova York: Harper & Row, 1974.

Calthorpe, Peter. "Pedestrian Pockets." *Whole Earth Review,* Primavera de 1988.

Campbell, Joseph. *Myths to Live By.* Nova York: Bantam Books, 1988.

Chia, Mantak. *Taoist Ways to Transform Stress into Vitality.* Huntington, NY: Healing Tao, 1986.

Diamond, John. *Your Body Doesn't Lie.* Nova York: Warner, 1989.

Dürkheim, Karlfried Graf. *Hara.* Nova York: Fernhill House, 1970.

Dychtwald, Ken. *Body-Mind.* Nova York: Jove/Pantheon, 1977.

Emerson, Ralph Waldo. *Emerson's Essays.* Nova York: HarperCollins, 1981.

Frankl, Victor. *Man's Search for Meaning.* Nova York: Touchstone, 1984.

Gallwey, W. Timothy. *The Inner Game of Golf.* Nova York: Random, 1981.

_______. *The Inner Game of Tennis.* Nova York: Bantam, 1984.

Gawain, Shakti. *Creative Visualization.* Nova York: Bantam Books, 1983.

Hay, Louise. *You Can Heal Your Life.* Los Angeles: Hay House, 1987.

Heider, John. *The Tao of Leadership*. Nova York: Bantam Books, 1986. (Publicado em português pela Editora Cultrix, São Paulo, com o título *O Tao e a Realização Pessoal*.)

Herrigel, Eugen. *Zen in the Art of Archery*. Nova York: Vintage Books, 1971. (Publicado em português pela Editora Pensamento, São Paulo, com o título *A Arte Cavalheiresca do Arqueiro Zen*.)

Hoff, Benjamin. *The Tao of Pooh*. Nova York: Viking/Penguin, 1983.

I Ching ou *Book of Changes*, Richard Wilhelm, tradução, vertido para o inglês por Gary F. Baynes. Prefácio de C. G. Jung, Bollingen Series XIX. Nova York: Pantheon Books para a Bollingen Foundation, 1950. (Publicado em português pela Editora Pensamento, São Paulo, com o título *I Ching – O Livro das Mutações*.)

Keleman, Stanley. *Your Body Speaks Its Mind*. Nova York: Simon & Schuster, 1976.

Kurtz, Ron. *The Body Reveals*. Nova York: Harper & Row, 1976.

Lao Tzu. *Tao Te Ching*. D. C. Lau, trad. Londres: Penguin, 1963.

Leboyer, Frederick. *Birth Without Violence*. Nova York: A. Knopf, 1975.

Liedloff, Jean. *The Continuum Concept*. Reading, MA: Addison Wesley, 1985.

Long, Barry. *Ridding Yourself of Unhappiness*. Londres: Barry Long Foundation, 1987.

Lowen, Alexander. *Betrayal of the Body*. Nova York: Collier Books, 1967.

_______. *Bioenergetics*. Nova York: Viking/Penguin, 1976.

Markert, Christopher. *I Ching: The Ultimate Success Formula*. Londres: Aquarian Press, 1986.

_______. *Seeing Well Again*. Saffron Walden, Inglaterra: C. W. Daniel, 1982 e Englewood Cliffs, NJ: Prentice Hall, 1983.

Maslow, Abraham, *Toward a Psychology of Being*. Nova York: Van Nos Reinhold, 1968.

Masters, Robert. *Listening to the Body*. Nova York: Delta Publishing, 1978.

Mendelsohn, Robert. MD. *Confessions of a Medical Heretic.* Chicago: Contemporary Books, 1979.
Nara, Robert O. *Dental Self-Sufficiency.* Lake Linder, MI: Oramedics, 1975 (R. R. 1, Box 112, zip 49945).
Selye, Hans. *The Stress of Life.* Nova York: McGraw-Hill, 1956.
Yutang, Lin. *The Importance of Living.* Londres: Wm. Heinemann Ltd., 1938.